DRESSLER

Astrid Göpfrich

DIE Stallmädchen BANDE

Lügen haben
Ponybeine

Illustrationen
von Barbara Korthues

Dressler Verlag · Hamburg

Originalausgabe
1. Auflage
© Dressler Verlag GmbH, Hamburg 2015
Alle Rechte vorbehalten
Dieses Werk wurde vermittelt durch Agentur Brauer
Titelbild und Innenillustrationen:
Barbara Korthues
Umschlaggestaltung, Typografie und Satz:
Farnschläder & Mahlstedt, Hamburg
Druck und Bindung:
GGP Media GmbH, Pößneck
Printed 2015
ISBN 978-3-7915-0756-9

www.dressler-verlag.de

Inhalt

E rwachsene behaupten immer, es sei unglaublich wichtig, die Wahrheit zu sagen. Dabei lügen sie selbst bis zu 200 Mal am Tag. Das haben Forscher herausgefunden. Das klingt unglaublich, geht aber gar nicht anders. Denn wer einmal versucht hat, einen Tag lang ehrlich zu sein, weiß, dass dann die Schwierigkeiten erst so richtig anfangen.

Es gibt nämlich ganz verschiedene Arten, die Unwahrheit zu sagen:

Eine Flunker-Lüge ist, wenn man etwas (zum Beispiel den Sprung vom Drei-Meter-Brett) ein ganz kleines bisschen anders erzählt, als es tatsächlich war (Sprung vom ZEHN-Meter-Brett!). Die Flunker-Lüge wird natürlich sehr oft verwendet.

Genauso ist es mit der Höflichkeits-Lüge: Tante Martha hat sich leider ein viel zu enges Kleid gekauft.

Unmöglich, zu ihr »Du siehst darin aus wie eine Mettwurst!« zu sagen. Tante Martha wäre beleidigt oder, noch schlimmer, sehr traurig. Da ist es besser, auf etwas Höfliches auszuweichen, wie: »Oh, schönes Muster.« Die Höflichkeits-Lüge ist also in Wirklichkeit gar keine richtige Lüge, sondern etwas sehr Nettes!

Ganz anders ist es mit der Fiesheits-Lüge, die richtig gemein sein kann. Ben wirft dem Lehrer an der Tafel eine Spucke-Papierkugel an den Kopf. Der Lehrer will wissen, wer das war. Statt sich zu melden, zeigt Ben auf seinen Banknachbarn. Das ist nun wirklich: genau, fies!

Und dann ist da noch der spezielle Fall der Not-Lüge. Sie ist immer dann erlaubt, wenn es gar nicht anders geht und ansonsten ein großes Unglück passieren würde. Sie sollte aber wirklich nur in den allerdringendsten Fällen verwendet werden! Zum Beispiel, wenn eine Freundin in schlimmen Schwierigkeiten steckt! Deshalb heißt es ja auch NOT-Lüge.

Bei Fritzi fing alles mit einer kleinen *Flunker-Lüge* von Herrn Kuchenbecker an. Ihm war es nämlich peinlich, zu erzählen, wie er sich *wirklich* das Bein gebrochen hatte. Aber dazu später mehr.

Auch Fritzi musste manchmal lügen, vielleicht nicht

gerade 200 Mal am Tag, aber drei oder vier Mal waren es schon. Und natürlich wurde auch sie kräftig angeschwindelt.

Die dickste Lüge stammte jedoch ausgerechnet von diesem verrückten … Halt, das würde jetzt wirklich zu viel verraten!

Jedenfalls zog eine Unehrlichkeit die nächste an, und plötzlich gerieten alle in ein Kuddelmuddel aus harmlosen, mittelschlimmen und ganz schön fiesen Lügen …

Erdbeereis und Ehrenwort

Niemand kann das abscheuliche und ganz und gar unverschämte Geräusch ausstehen, das ein Wecker macht, wenn er früh am Morgen losbimmelt. Schon gar nicht, wenn das Klingeln in den köstlichen Traum von einem riesigen Berg Erdbeereis platzt. Und überhaupt nicht, wenn der Wecker auch noch zur völlig falschen Zeit losgeht.

Fritzi drehte sich verschlafen auf die Seite und versuchte widerwillig, ein Auge zu öffnen. Das war schwierig, denn es war von einem fiesen Karamellbonbon verklebt. Zumindest fühlte es sich so an. Sie nahm Daumen und Zeigefinger, zog ein Augenlid auseinander und spähte ins Zimmer.

Da war … NICHTS. Gar nichts. Kein Wunder, denn

es war noch stockfinster. So finster, wie es nur finster sein kann, wenn es tiefschwarze Nacht ist. Das Weckerklingeln konnte also nur ein gemeiner Irrtum sein. Ein nicht Ruhe gebender Irrtum, genauer gesagt.

Fritzi packte den Störenfried und pfefferte ihn an die Wand. Der Wecker gurgelte wütend und verstummte. Vermutlich für immer. Das war eher schlecht, denn einen neuen würde sie so schnell nicht bekommen. Aber das war ihr gerade ganz egal. Sie drehte sich zufrieden an die Wand zurück und mummelte sich wieder in ihre Kamelhaardecke ein. Das eine Auge machte sie natürlich auch wieder zu. »An einem Samstagmorgen zur Schulzeit aufstehen? Ohne mich!«, brummte sie. Nein, sie würde noch ein wenig von dem pinkfarbenen Erdbeereis-Berg träumen. Der wuchs immer wieder nach, sobald man ein paar Löffel gegessen hatte.

Und wenn sie davon genug hatte (und das konnte ganz schön lange dauern), würde sie aufstehen und ein leckeres Brötchen, dick mit Erdbeermarmelade bestrichen, futtern. Erdbeeren waren nämlich ihre absolute Lieblingsspeise, wenn man einmal von Pizza Salami-Artischocken-Peperoni mit extra viel Käse absah. Und später würde sie vielleicht einen kleinen Ausritt auf ihrem Lieblingspferd Panagiotis machen. Fritzi gähnte genüsslich und kuschelte sich tief in ihr Daunenkissen. »Alles, bloß keinen Stress!«, seufzte sie und versank langsam wieder in ihren Traum.

»PANAGIOTIS!« Fritzi schoss wie von einem wilden Araberhengst getreten im Bett hoch und fluchte: »Moppelkotz und Krötenschleim!« Das war ihr Lieblingsfluch, den sie nur in besonders schweren Fällen verwendete. Und das hier war ganz klar ein superbesonders schwerer Fall! Panagiotis und neun andere Pferde warteten seit einer halben Stunde auf dem Holzapfelhof darauf, mit frischem Wasser und Futter versorgt zu werden! Und zwar von ihr, denn sie hatte für heute den Stalldienst übernommen.

Sie hatte sich sehr gewundert, als Herr Kuchenbecker, der Besitzer des Hofes, ihr vor drei Tagen erzählte, dass er sich »unter unglücklichen Umständen« den Fuß gebrochen hatte. Dabei hatte er sehr wehleidig auf sein dickes Gipsbein gezeigt. »Wie schafft man es nur, sich einfach so den Fuß zu brechen?«, hatte Fritzi sich gefragt. Dann hatte Herr Kuchenbecker so verzweifelt geguckt, dass sie sich ein wenig für ihre Neugier schämte. Mehr wollte Herr Kuchenbecker aber nicht erzählen, und sie traute sich nicht mehr, nachzufragen.

Mit einem Gipsbein konnte er jedoch auf keinen Fall den ganzen Pferdehof versorgen!

Zum Glück war unter der Woche Miro, der Stallbursche, da. Aber an den Wochenenden wollte der natürlich freihaben. Sonst war er wieder so schlecht gelaunt und lief Fritzi mit dicken Spinnen hinterher. Und einen zweiten Pferdepfleger konnte sich Herr Kuchenbecker nicht leisten. Er jammerte ohnehin immer, dass das Geld knapp sei.

Fritzi hatte sofort die anderen Mitglieder der Stallmädchenbande, Stella und Miyuki, zu einem Geheimtreffen »Wichtigkeitsstufe: extrem hoch« zusammengerufen. Sie hatten einstimmig beschlossen, dass jede von ihnen abwechselnd ein Wochenende den Stalldienst übernehmen musste. Großes Stallmädchenbanden-Ehrenwort! Das galt so lange, bis der Fuß von Herrn Kuchenbecker wieder gesund war.

Und jetzt verschlief Fritzi gleich am allerersten Tag! Toll! Wenn sie weiter so unzuverlässig war, würde Herr Kuchenbecker ihr niemals die Pflege von Panagiotis überlassen! Und Ausritte konnte sie sich dann auch abschminken!

Fritzi sprang mit einem Satz aus dem Bett und schlüpfte rasch aus dem Zimmer. Im Haus war es noch völlig ruhig. Kein Wunder, denn es war gerade erst sieben Uhr. Sie legte ein Ohr an Nina Freitags Schlafzimmertür. Nina Freitag, das war ihre Mutter. Sie mochte es nicht, wenn man sie »Mama« nannte. Dann fühle sie sich alt, sagte sie. So alt wie Frau Petersen, Fritzis Religionslehrerin. Die stand kurz vor der Pensionierung und kam Fritzi wirklich sehr, sehr alt vor. »Vielleicht ist sie auch schon pengsjoniert und kommt trotzdem jeden Tag zur Schule und keiner merkt es«, dachte sie immer, wenn sie sich im Religionsunterricht langweilte und auf Frau Petersens grauen Haarknoten guckte.

Fritzi weigerte sich aber, ihre Mutter »Nina« zu nennen. Sie fand, dass eine Mama etwas anderes war als eine Freundin. Eine Mama gab es nur ein einziges Mal! Daher hatten sie sich darauf geeinigt, dass Fritzi »Nina-Mama« zu ihr sagte.

Jedenfalls war Nina-Mama gestern spät vom Auftritt

mit ihrer Band nach Hause gekommen und schlief noch tief und fest. Und wehe, man weckte sie vor elf Uhr, dann musste man sich das ganze Wochenende anhören, wie kaputt sie war. Fritzi schlich leise über den Flur. Im Bad sah es aus, als ob gerade eine Bombe explodiert wäre, überall lagen Klamotten verstreut herum. »Es ist schon manchmal echt mühsam, wenn man die einzige Vernünftige in der Familie ist!«, sagte sie seufzend, zog ihren Schlafanzug aus und legte ihn fein säuberlich gefaltet auf die Waschmaschine. Sie ließ kaltes Wasser in ihre Handflächen laufen und bespritzte ihr Gesicht damit. Puh, war das eisig!

Mehr ging heute Morgen nicht.

Bestimmt scharrten die Tiere schon mit den Hufen, weil sie es gewohnt waren, immer zur gleichen Zeit ihr Futter zu bekommen. »Wenn bloß Herr Kuchenbecker nicht aufgewacht ist!«, stöhnte Fritzi schuldbewusst. Sie schlüpfte in ihre Jeans und zog sich den rot-weiß gestreiften Kapuzenpulli über.

Ihre braunen Haare hingen glatt herab wie Spaghetti. Spaghetti mit Ponyfrisur. Ihr Bruder Niklas hatte Papas wunderschöne rotblonde Locken geerbt. Das war aber auch das Einzige, was er bekommen hatte, denn Papa war ein Globetrotter. Also jemand, der immer von einem Land zum anderen zieht.

Als Niklas auf die Welt kam, hatte Papa gesagt, die Stimme der Wildnis würde ihn rufen, und war weg gewesen. Manchmal schickte er bunte Postkarten aus Guadeloupe oder aus dem venezolanischen Regenwald. Daraus schloss Fritzi, dass die Wildnis ihn immer noch rief.

Sie streckte ihrem Spiegelbild die Zunge raus, verließ das Bad und schlich leise an der Tür von Niklas vorbei. Hoffentlich war der nicht aufgewacht! Immer wollte er mit, wenn sie irgendwo hinging. Und fünfjährige Brüder konnte man ja meistens überhaupt nicht gebrauchen! Sie standen nur im Weg herum, bohrten in der Nase und störten. Aber sie hörte zum Glück nur ein leises Schnaufen aus seinem Zimmer.

Sachte schlich Fritzi auf Strümpfen die Treppe hinunter, schnappte sich in der Küche eine Banane aus der Obstschale und schlüpfte in ihre dottergelben Gummistiefel und den roten Parka. Für ein Frühstück mit Erdbeermarmelade war jetzt keine Zeit mehr. Schließlich hatte sie Herrn Kuchenbecker ein Versprechen gegeben! Und ein Stallmädchenbanden-Mädchen hielt, was es versprach!

»Moppelkotz und Krötenschleim«, fluchte sie noch einmal, als sie mit einer Stunde Verspätung ihr grün-gelb geringeltes Fahrrad aus der Garage schob, »gleich am ersten Tag verschlafen!«

Fritzi knallte mit einem lauten »Rums« das Garagentor zu, (sodass bestimmt spätestens jetzt Niklas aufwachen würde) und schwang sich auf ihr Ringelrad. Dann trat sie fest in die Pedale und peste durch die kühle Morgenluft, vorbei an abgeernteten Maisfeldern, aus denen gerade der erste Herbstnebel aufstieg.

Streik auf dem Pferdehof

Es war bereits Viertel nach acht, als Fritzi atemlos in die Einfahrt des Pferdehofes bretterte. Der Hof lag einsam auf einer Waldlichtung und bestand aus dem Wohnhaus und zwei Stallungen, einer großen Reitbahn, einem Pferdeputzplatz und mehreren Koppeln. Über dem Tor war ein großes Holzschild angebracht, in das »Holzapfelhof« eingebrannt war. Daneben war ein prallvoller Apfelbaum abgebildet, an dessen Stamm sich ein Fohlen den Hals schrubbte. Jedes Mal, wenn Fritzi darunter hindurchfuhr, dachte sie: »Wenn jetzt ein Apfel auf den Kopf des Fohlens fällt!« Heute aber dachte sie gar nichts, sondern schoss wie eine Rakete durch das Tor.

Keuchend sprang sie vom Rad, lehnte es an den Holzzaun der angrenzenden Koppel und lief mit großen

Schritten zu den Stallungen hinüber. Auf den ersten Blick schien alles völlig normal zu sein. Fritzi sah zu dem roten Backsteinhaus, in dem Herr Kuchenbecker ganz alleine lebte. Die Fensterläden waren noch geschlossen. Nur Alfred, der silbern getigerte Kater, strich hungrig um die Haustür herum und miaute.

»Ja, gleich«, rief Fritzi leise zu ihm hinüber, »aber jetzt sind erst mal die Pferde dran!« Sie hob den Eisenriegel an und schob die schwere Stalltür beiseite. Der unnachahmliche Geruch von Heu und Pferd schlug ihr entgegen. Herrlich! Fritzi sog ihn tief ein und sah sich um.

Auch hier war es vollkommen ruhig.

Seltsam ruhig.

Gespenstisch ruhig schon fast.

Die Pferde hoben noch nicht einmal den Kopf, als Fritzi weiter in den Stall hineinging. »Hallo, Ganoven, ich bin dahaa!«, rief Fritzi besonders munter, als ob die Tiere dann nicht merken würden, dass sie über eine Stunde zu spät kam. Aber das war natürlich Blödsinn. Wenn ein Pferdemagen es gewohnt war, jeden Morgen um sieben Uhr sein Futter zu bekommen, dann knurrte er ziemlich, wenn er einmal nicht um diese Zeit gefüllt wurde.

Neun Pferde hatte Herr Kuchenbecker gerade in

Pension, nur Panagiotis gehörte ihm selbst. Doch auch ihr Lieblingspferd, das sie sonst mit einem freudigen Schnauben begrüßte, kehrte ihr beleidigt seinen mächtigen, rotbraunen Hintern zu. Oje! Bestimmt waren die Tiere vor Hunger so geschwächt, dass sie keine Kraft mehr hatten, den Kopf zu heben! So ein Pferdekopf ist nämlich ganz schön schwer.

Fritzi beschloss, das Auszumisten zu verschieben und gleich mit dem Füttern anzufangen. Sie schleppte den Sack mit Hafer zur ersten Box und öffnete die Tür. Frida, eine kleine Norwegerstute, die sonst munter mit den Hufen scharrte, stand stocksteif auf dem Strohboden. Als ob jemand ihre Hufe dort festgenagelt hätte.

»Hey, Schnucke, wie geht's?«, rief Fritzi fröhlich und hielt ihr mit flacher Hand eine Pferdeleckerei entgegen. Die trug sie immer in der Jackentasche bei sich. Sie waren normalerweise sehr geeignet, um Pferde zu bestechen. Doch Frida, die ziemlich verfressen war, schnupperte noch nicht einmal daran. Fritzi schüttelte den Kopf: »Mensch, ihr seid aber auch nachtragend, ihr Biester!« Sie füllte mit einer Schaufel Hafer in den Futtertrog und überprüfte die automatische Wassertränke. Alles in Ordnung! Doch Frida rührte sich noch immer kein bisschen von der Stelle. Fritzi beschloss, sie nicht weiter zu beachten. Irgendwann würde der Hunger über das Beleidigt-Sein siegen und Frida würde sich gierig auf den Hafer stürzen.

Sie schloss die Tür und trat zu dem Rappen Navarro in die Box nebenan. Er stand mindestens genauso steif da wie Frida und reagierte nicht einmal, als sie beruhigend seinen schwarzen Hals tätschelte. Fritzi ließ sich nichts anmerken, aber ein bisschen unheimlich wurde ihr die Sache langsam schon.

Die Tiere waren doch nicht etwa in Streik getreten? Das sagte Nina-Mama immer, wenn ihr die ganze Arbeit zu Hause zu viel wurde: »Ich trete jetzt in Streik.« Dann legte sie sich auf das rote Wohnzimmersofa und machte eine Weile gar nichts mehr. Fritzi und Niklas schlichen in dieser »Streik-Zeit« auf Zehenspitzen um sie herum und staubten mit dem regenbogenbunten Staubwedel die Möbel ab, um zu zeigen, dass sie »kooperativ«, also arbeitswillig, waren. Kooperativ hieß in diesem Fall jedoch, dass sie arbeiteten und ihre Mutter faulenzte, fand Fritzi. Irgendwann stand Nina-Mama dann aber zum Glück auf und war wieder normal.

Fritzi sah den Gang entlang, an dem rechts und links die weiteren Pferde untergebracht waren. Eine drücken-de Stille lag über dem ganzen Stall. Wenn Fritzi es nicht besser gewusst hätte, hätte sie gedacht die Boxen seien alle leer. Sah so etwa ein Pferdestreik aus?

Wie ein Roboter füllte sie Navarros Trog mit Hafer auf und überprüfte die Tränke. Technisch gesehen war alles in Ordnung. Aber »pferdisch« gesehen war hier überhaupt nichts in Ordnung, das spürte Fritzi ganz genau.

Eine quälende Sorge bohrte sich in ihren Magen. Was war, wenn die Pferde alle krank geworden waren? Und sie war zu spät gekommen und jetzt …

»Reiß dich zusammen«, schimpfte Fritzi mit sich selbst und schluckte tapfer einen Tränen-Salz-Kloß herunter, »was soll mit den Pferden schon sein?«

»Miese Laune habt ihr, sonst nix«, rief sie den Gang hinunter und wusste nicht, ob sie damit sich oder den Pferden Mut machen wollte. Sie schlüpfte aus Navarros Box und öffnete die Tür daneben. Henry, ein ruhiger Apfelschimmel, hatte schon ein paar Jahre auf dem Buckel. Hoffentlich war wenigstens er normal! Doch Henry schielte sie nur gereizt von der Seite an.

»Henry«, Fritzi stemmte die Hände in die Hüften, »du glaubst wohl nicht, dass du mich damit …« Weiter kam sie nicht, denn Henry trat betont langsam zwei Schritte zurück. Wie man es tut, wenn man auf etwas sehr Wichtiges hinweisen will. Und was Fritzi dann sah, raubte ihr den Atem.

Hinter Henry stand ein kleines Pony, oder besser gesagt, ein Winzling von einem Pony. Es war so klein, dass man vor das »Pony« sogar noch das Wort »Zwerg-« setzen musste. Sein Körper war weiß, doch es hatte einen schwarzen Schweif und eine schwarze Mähne. Diese war aber kurioserweise genau ab der Mitte weiß. Und sie war so lang, dass man kaum seine Augen sah. Die Beine des Zwergponys waren sehr kurz und sein Bauch so dick, dass er fast am Boden schleifte. Dennoch blickte das Pony ziemlich eingebildet zu Fritzi hinüber.

»Na endlisch«, sagte es und warf den Kopf zurück, auf dem der traurige Rest eines pinkfarbenen Federpuschels thronte, »isch bin schon fast verhungärt. Zwei Schaufeln proteinreiches Kraftfuttär, nischt das Haferzeug da. Und eine Tasse reschtsdrehendös Wassör. Aber tutt-switt!« Dann machte es zwei, drei alberne Trippelschritte und sah genervt in die Luft.

Fritzi fiel vor Schreck fast in den Hafersack. Träumte sie? Sie kniff die Augen zusammen und riss sie wieder auf. Nein, da stand eindeutig ein schwarz-weißes Zwerg-pony mit einem komischen Federbusch auf dem Kopf und forderte Sonderfutter! Henry drehte sich bedeutsam

zu ihr und schnaubte, als ob er sagen wollte: »Jetzt weißt du, was Sache ist.« Aber Pferde konnten ja nicht sprechen.

Moppelkotz und … PFERDE KONNTEN NICHT SPRECHEN!!! Doch dieser Winzling von einem Pony da, der hatte eindeutig GESPROCHEN. Und wie er gesprochen hatte! Mit französischem Akzent nämlich.

Das wusste Fritzi ganz genau, denn sie war schon einmal mit Mama und Niklas im Urlaub in Südfrankreich gewesen. Da machten die Leute immer so komische Zischlaute, konnten kein H aussprechen und hörten sich überhaupt an, als ob sie dauernd Schnupfen hätten. Genau so redete dieses Tier.

Und Madame Durand, die strenge Wirtin aus dem Hotel in Südfrankreich, hatte ihrem armen Kellner ständig dieses »tuttswitt« hinterhergerufen. Hol der Madame eine Serviette, tuttswitt! Es regnet, tuttswitt, dreh' die Markise rein! Der Herr möchte bezahlen, tuttswitt!

Wie dieses tuttswitt wirklich geschrieben wurde, wusste Fritzi nicht (nämlich: toute de suite). Aber sie wusste, dass es so viel heißen musste wie »sofort«. Und zwar ein sehr forderndes »sofort«. Das unverschämte Tier wollte sie tatsächlich herumkommandieren!

Eine Riesenwut kroch in Fritzi hoch. Dieses komische Kraftfutter, das sollte wohl Futter mit besonders viel Eiweiß sein? So etwas gab es auf dem Holzapfelhof natürlich nicht.

»Tuttswitt, natürlich!« Sie schnappte sich die Schaufel und stürmte nach draußen. Die Reitbahn war mit feinen Holzschnitzeln ausgestreut, um den Boden für die Pferde schön weich zu machen. Fritzi nahm eine große Schaufel davon, ging zurück zum Stall und kippte den Inhalt in Henrys Fresstrog. »Bitte schön, Ihr Dings-reiches Kraftfutter!«

Das Zwergpony schnupperte interessiert und reckte den Kopf. Lang und immer länger wurde sein Hals. Henrys Fresstrog war aber fast einen Meter zu hoch, sodass es ihn nicht erreichte. Es ließ sich jedoch nichts anmerken. »Und wo ist mein reschtsdrehendös Wassör? Isch bekomme Magönbrennön von dem billigön Zeug«, blökte es stattdessen und zeigte seine schiefen, gelben Zähne.

Rechtsdrehendes Wasser. Fritzi hatte nicht gewusst, dass es Wasser gab, das sich drehen konnte. So etwas Blödes hatte sie in ihrem ganzen Leben noch nicht gehört. Und das dauerte immerhin schon zehn Jahre. Sie drückte auf den Wasserspender in Henrys Tränke und füllte sie komplett auf. Dann steckte sie den Zeigefinger hinein und fuhr mehrmals im Uhrzeigersinn darin herum, sodass das Wasser einen wilden Strudel formte. »Bitte schön, rechtsdrehendes Wasser.«

Das Zwergpony bedachte sie mit einem eisigen Blick, der einen Waldbrand zum Gefrieren gebracht hätte. Da sein Durst aber wohl zu groß war, stellte es sich auf die

Hinterbeine und soff in einem Zug die gesamte Tränke ratzeputz leer.

Fritzi bemerkte, dass ihm dabei die Hufe zitterten. Augenblicklich bekam sie ein wenig Mitleid. Wahrscheinlich hatte das Tier seit Tagen nichts gefressen und getrunken. Sie nahm eine Handvoll Pferdeleckereien aus der Jackentasche und legte sie versöhnlich vor es hin. Mit einem einzigen Happs schlang das Pony die Leckerlis in sich hinein. Dann plumpste es auf den Heuboden und streckte alle viere von sich. Sogleich erschütterte ein Schnarchen die Stallwände, als ob ein furchterregendes Riesenungeheuer den Pferdehof heimgesucht hätte.

Dabei lag dort nur ein ziemlich hochnäsiges, aber sehr erschöpftes Zwergpony.

Pferde können nicht sprechen

So schnell wie an diesem Morgen hatte Fritzi die Pferde noch nie gefüttert. Sie schüttete in Windeseile Hafer in alle Tröge und überprüfte die Tränken. Dann zerteilte sie mit der Heugabel den großen Ballen, den der Stallbursche Miro am Abend aus dem Nebenstall herangeschleppt hatte. Damit füllte sie die Heuraufen in den Boxen auf.

Die Pferde hatten jetzt ihren Streik beendet und fraßen begierig. Wahrscheinlich waren sie erleichtert, dass Fritzi sich nun um den komischen Kerl kümmerte. Panagiotis stupste sie mit den Nüstern an, als sie sich über seinen Fresstrog beugte. Er wollte eine Leckerei, doch das Zwergpony hatte Fritzis Vorrat ganz und gar aufgefressen.

Fritzi arbeitete nacheinander Box um Box ab und war froh, dass sie dabei in Ruhe nachdenken konnte.

Ohne richtig bei der Sache zu sein, stach sie mit der Gabel in einen Heuballen. »Wir müssen uns an die Fakten halten«, sagte sie zu Panagiotis und guckte unerbittlich. Panagiotis blickte mit ahnungslosen, braunen Augen aus seiner Box zurück. In einem Krimi (den sie heimlich geguckt hatte, als Mama auf einem ihrer Konzerte war) hatte sie gesehen, wie eine Kommissarin einen schwierigen Kriminalfall lösen musste. »Wir müssen uns an die Fakten halten«, hatte die zu ihrem Kollegen gesagt und dabei unerbittlich geguckt. »Fakten« hieß so viel wie: das, was man beweisen kann. Damit wollte die Kommissarin eigentlich sagen, dass der Kollege sich lieber an Hirngespinste hielt, also an das, was er sich einbildete. Aber das sagten Erwachsene nicht so direkt.

»Fakt ist, dass in Henrys Box ein Pony steht, nein, ein Pony liegt, das da nicht hingehört. Fakt ist, dass das Pony irgendwie da hineingekommen ist.« Panagiotis hörte aufmerksam zu und schien sogar etwas zu nicken. »Und Fakt ist, dass es sprechen kann.«

Das war allerdings der schwierigste Teil ihrer Detektivarbeit. Daher beschloss sie, zunächst die einfacheren Fragen zu klären. »Wir müssen herausfinden, woher das

Zwergpony kommt und wer es hergebracht hat.« Panagiotis schnaubte zustimmend.

»Nur wie?« Doch darauf wusste Panagiotis auch keine Antwort.

Fritzi zuckte ratlos mit den Schultern und zerteilte weiter den Heuballen. Sie nahm eine große Gabel davon auf und betrat die Box von Morgenstern. Die schwarze Hannoveraner Stute hatte schon einige Turniere im Springreiten gewonnen und war daher sehr wertvoll, wie Herr Kuchenbecker sagte. Fritzi fand, dass alle Tiere gleich wertvoll waren, aber der Besitzer von Morgenstern sah das anders. Deshalb musste man besonders gut auf die Stute aufpassen. Fritzi füllte die Heuraufe prallvoll, denn beim Training verbrauchte Morgenstern eine Menge Energie.

In diesem Moment merkte sie, dass das Schnarchgeräusch, das sie die ganze Zeit wie ein mieser Ohrwurm begleitet hatte, verstummt war. Fritzi sah zu Henrys Box, doch das Zwergpony war so klein, dass man es hinter der Holztür nicht sehen konnte. Dafür aber hören: »Eins, zwei und dreiö.« Fritzi trat näher und sah, dass das Tier alberne Verrenkungen machte. Es hob ein Bein, winkelte es an und dehnte es dann zur Seite. Mit seinem dicken Bauch sah das wirklich bescheuert aus.

Fritzi musste prompt losprusten. Das Zwergpony drehte

hochnäsig den Kopf zu ihr und sagte: »Freschheit! Was erlaubön Sie sisch? Isch trainiere!« Dann streckte es einen Hinterhuf in die Luft. »Danach bekomme isch meine Bauch-Beine-Po-Massage, aber …«

»… tuttswitt?«, fragte Fritzi und verkniff sich das Grinsen.

Das Pony hielt überrascht mitten in der Bewegung inne: »Rischtig! Sie lernön ja wenigstöns schnell.« Es stellte das Hinterbein wieder auf dem Boden ab. »Man findöt heute nur schwer gutös Personal. Wie ist Ihr Name?« Dabei drehte es Fritzi seinen schwarzen Schweif hin, der ganz mit Stroh verklebt war. »Und einmal frisierön.«

Fritzi atmete tief durch, ging hinaus und kam kurz darauf mit einem Schweifkamm wieder. Wenn sie herauskriegen wollte, wer das Zwergpony war, dann musste sie sein albernes Spiel ein wenig mitspielen. Auch wenn sie innerlich kochte.

»Ich heiße Fritzi«, sagte sie und fing an, die Strohhalme aus dem Schweif zu kämmen. Dabei musste sie in die Knie gehen, um auf die Höhe des Ponyhinterns zu kommen. »Und Sie?« Sie versuchte, harmlos zu klingen, damit das Pony nicht merkte, dass es ausgefragt wurde.

Es schien nichts zu ahnen, denn es verbeugte sich ein wenig und sagte: »Gestattön, mein Name ist Meurtelle.«

Dies sprach das Pony »Möööhhhrtell« aus, damit klar wurde, dass es ein vornehmes französisches Pony war.

Fritzi zupfte den letzten Halm aus dem Schweif und begann dann mit dem Kämmen. »Aha, dann sind Sie ein Mädchen?«

Das Pony stutzte kurz und schüttelte den Kopf. »Aber nein, in Frankreisch ist das ein Name für einön Herr.« Als Fritzi verständnislos guckte, fügte es hinzu: »Einö Hengst.« Und als Fritzi es scheinbar wieder nicht verstand, weil es ja kein H aussprechen konnte und daher »Ängst« sagte, ergänzte es genervt: »Einö Männschön.«

Fritzi hatte sofort begriffen, was es sagen wollte, aber die kleine Rache machte ihr Spaß: »Also doch ein Mädchen?«

»Neiiiiin«, das Pony schrie jetzt fast, »nischt einö Mädschön, ein Männschön!!!«

»Ach so«, sagte Fritzi, »ein Männchen!«

Das Pony schüttelte nur entnervt den Kopf und starrte wie erledigt von so viel Dummheit in die Luft.

Fritzi sah ein, dass sie das Tier nicht weiter reizen durfte, und zog ihre Geheimwaffe aus der Jackentasche: den Super-Pferdestriegel. Das Fell von Meurtelle war sehr struppig und brauchte dringend Pflege. Nach wenigen Striegelstrichen grunzte Meurtelle bereits versöhnlich wie ein junges Schweinchen. Henry hingegen sah ein bisschen eifersüchtig zu ihnen hinüber und klopfte mit dem Huf gegen die Stallwand.

Fritzi beeilte sich, die nächste Frage zu stellen »Und wo kommen Sie her?« Dabei striegelte sie den Rücken besonders sanft, damit das Pony nichts von dem Verhör bemerkte.

Meurtelle nahm auf der Stelle Haltung an, stellte anmutig das rechte Vorderbein vor das linke und sagte: »Isch komme aus dem Muhläh Ruusch in Paris. Das istö ein Nachtklub. Ein sähr berühmtör Nachtklub.« Er klimperte mit den Augen. »Isch bin nämlisch ein Show-pony. Ein sähr berühmtös Showpony!«

Natürlich hatte Fritzi schon vom Muhläh Ruusch (das man eigentlich Moulin Rouge schreibt) gehört! Papa hatte einmal davon erzählt, als ihn die Wildnis noch nicht gerufen hatte. Moulin Rouge hieß übersetzt zwar »Rote Mühle«, war aber ein sehr bekanntes Theater, in dem nur die allerbesten Sänger und Tänzer in den allerschönsten Kostümen auftreten durften. Und einen davon hatte Fritzi nun vor sich! Dass es dort auch tanzende Ponys gab, war ihr allerdings neu.

»Toll«, sagte sie aufrichtig beeindruckt und Meurtelle schloss geschmeichelt die Augen. Fritzi nutzte die gute Stimmung, um ihre zweite Frage anzubringen: »Und wie sind Sie dann hierhergekommen?«

Meurtelle riss alarmiert die Augen auf und stammelte: »Oh, äh, das war, äh … isch musste flüschten.«

»Sie mussten flüchten?«, wiederholte Fritzi erstaunt und ließ den Pferdestriegel in kreisenden Bewegungen über Meurtelles Hinterteil fliegen.

»Ja, die anderön Ponys haben misch gehasst.«

Fritzi musste sich ein Grinsen verkneifen. Sie konnte sich sehr gut vorstellen, WARUM dieses eingebildete Tier unbeliebt gewesen war. Doch sie musste ja noch mehr aus ihm herausbekommen. Daher fragte sie scheinheilig: »Aber warum denn?«

»Isch war der beste Tänzör«, antwortete Meurtelle, »das habön sie nischt verkraftet.«

»Schlimm«, sagte Fritzi und fragte sich zugleich, wie man mit so einem dicken Bauch tanzen konnte, »aber das ist doch kein Grund, abzuhauen.«

»Abör ja, sie wolltön misch umbringön«, rief Meurtelle erregt, »weil das Publikum immör nur für misch geklatscht hat!« Wie von selbst machte er dabei eine kleine Verbeugung, als ob er gerade auf der großen Moulin-Rouge-Bühne stehen würde.

»Waaas?«, rief Fritzi entsetzt. »Das ist ja schrecklich!« Diesmal meinte sie das sogar wirklich so.

»Ja.« Meurtelle nickte und ließ bekümmert den Kopf hängen. »Und dann musste isch mittön in der Nacht flüschten, um mein Lebön zu rettön.«

Fritzi tätschelte beruhigend den Hals des armen Meurtelle und zupfte noch ein paar Halme aus der schwarz-weißen Mähne.

»Und dann bin isch tagelang gelaufön«, ergänzte das Zwergpony mit bebender Unterlippe, »und jetzt bin isch hier.«

Meurtelle blickte Fritzi scheu von der Seite an. Ihr war klar, dass es jetzt genug war und sie ihn auf keinen Fall weiter ausfragen durfte. Aber die letzte Frage rutschte einfach so aus ihr heraus: »Und warum können Sie sprechen?«

Prompt klappten bei Meurtelle die Anti-Spionage-Schutzschilder hoch: »Unsinn, Pferde könnön nischt sprechön.« Sofort war auch wieder der hochnäsige Gesichtsausdruck da. »Und Zwergponys schon gar nischt.«

Fritzi biss sich auf die Lippe. Sie ärgerte sich, dass sie so unvorsichtig gewesen war.

»Hier sind Sie jedenfalls erst einmal sicher«, sagte sie und erhob sich. Die Knie schmerzten ihr vom langen Hocken.

»Gut, dann möchte isch jetzt meinö Privatstall!«, forderte Meurtelle im altbekannten Befehlston.

Fritzi überlegte. Eine große Box war im Moment nicht frei. Außerdem war sie sich sicher, dass Herr Kuchenbecker nicht begeistert wäre von einem weiteren Mit-fresser. Das Futter war ja eh schon immer knapp. Sie sah den Gang entlang, an dessen Ende die kleine Fohlenbox lag. Dort würde sie Meurtelle erst einmal unterbringen! Herr Kuchenbecker guckte da bestimmt nicht nach, denn es hatte schon lange kein Fohlen mehr auf dem Holz-apfelhof gegeben.

Sie öffnete Henrys Boxentür: »Kommen Sie mit.«

Meurtelle trippelte folgsam hinter ihr her und nahm die kleine Fohlenbox erstaunlicherweise sofort an. Zumindest, nachdem Fritzi frisches Stroh und Unmengen Heu herangeschleppt hatte.

Henry atmete in seiner Box sichtlich auf. Bestimmt war er froh, dass endlich wieder ein bisschen Ruhe im Stall einkehrte. Doch in Fritzis Kopf purzelten die Gedanken wild durcheinander. War Meurtelle weiter in Gefahr? Wie konnte sie ihn vor Herrn Kuchenbecker verstecken? Und warum, um alles in der Welt, konnte dieses Tier sprechen?

Es half nichts. Sie musste dringend Verstärkung anfordern.

Fritzi ging nach draußen, um nachzusehen, ob die Fensterläden im roten Backsteinhaus noch geschlossen waren. Leider standen sie bereits sperrangelweit offen. Im oberen Stockwerk, wo das Schlafzimmer von Herrn Kuchenbecker lag, war das Fenster zum Lüften geöffnet. Herr Kuchenbecker konnte also jeden Moment auf seinem Gipsbein herüberhumpeln!

Moppelkotz und Krötenschleim! Fritzi atmete tief durch und beschloss, die anderen Mitglieder der Stallmädchenbande, Stella und Miyuki, anzurufen. Ein Geheimtreffen »Wichtigkeitsstufe: superextrem hoch« musste her. Und zwar tuttswitt!

Zimtschnecken-
Alarm!

»Und das Pony kann wirklich,
wirklich sprechen?«, fragte Stella
gerade zum dritten Mal und zog
skeptisch die Augenbrauen zusammen. Ihre weißblonde Strubbel-
Kurzhaar-Frisur stand noch mehr als
sonst wild in alle Richtungen ab. Nach Fritzis Anruf war
sie sofort auf ihr Longboard gehüpft und zum Holzapfelhof gezischt. Anscheinend ohne sich zu kämmen. Und
ihr blau-weiß gestreiftes Shirt war wahrscheinlich noch
das Oberteil ihres Schlafanzugs.

Stella war manchmal ganz schön verpeilt. Einmal
hatte sie eine halbe Stunde in einer falschen Klasse
gesessen. Erst als der Lehrer fragte, ob sie neu sei, hatte
sie gemerkt, dass sie gar keinen um sich herum kannte.
Außerdem war sie ziemlich rauflustig, einen halben Kopf

größer als Fritzi und der beste Handballtorwart, den man sich denken konnte. Es war also besser, sich nicht über sie lustig zu machen.

»Warum sollte ich euch anlügen?«, antwortete Fritzi daher nur. Sie sah zur Einfahrt des Holzapfelhofs hinüber, wo gerade die dunkelblaue Limousine von Miyukis Eltern stoppte.

Miyuki war das genaue Gegenteil von Stella: Sie war klein und zierlich und hatte lange, schwarze Haare, die sie immer mit einem Haarreif zusammenhielt. Ihre Pullis hatten nie Flecken oder Löcher. Da Miyukis Eltern aus Japan stammten, war sie außerdem sehr höflich. Sie sagte niemals »Nein« auf eine Frage, allerhöchstens »Vielleicht«. Sobald sie aber das Tor des Holzapfelhofs durchschritten hatte, verwandelte sich Miyuki in die zäheste Pferdepflegerin und wildeste Reiterin, die die Welt jemals gesehen hatte.

»Zimtschnecken-Alarm!«, rief Miyuki nun und schwenkte eine große Papiertüte, während sie auf die beiden zulief.

Zimtschnecken waren gleich nach Erdbeereis Fritzis Zweitlieblingsspeise. Oder Drittlieblingsspeise nach Pizza. Immer, wenn die Stallmädchenbande ein Geheimtreffen hatte, brachte eine von ihnen eine Tüte davon mit.

Und »Zimtschnecken-Alarm!« war ihr Codewort und hieß so viel wie: »Ab jetzt gelten die Gesetze der Stallmädchenbande!« Fritzi fand, es war Miyuki hoch anzurechnen, dass sie an so einem aufregenden Tag an ihr Banden-Gebäck gedacht hatte.

»Wo ist es?«, wollte Miyuki sofort wissen. Sie schwang sich zu den beiden auf den Zaun der Pferdekoppel.

»Nun mal langsam.« Fritzi schnappte sich die Papiertüte und sicherte sich eine Zimtschnecke. Ein riesiges Loch tat sich gerade in ihrem Magen auf. Als ob der Popocatepetl wieder ausgebrochen wäre und einen gigantischen Krater hinterlassen hätte. Und das war immerhin einer der größten Vulkane der Welt!

»Er ist«, sagte sie, biss in das Hefegebäck und schluckte hastig einen großen Bissen herunter, »in der Fohlenbox.«

»Waaas?«, rief Miyuki, »so klein ist der?«

Fritzi nickte und stopfte sich den Rest der ersten Zimtschnecke in den Mund. Als sie sich eine weitere nehmen wollte, zerrte Stella ihr die Tüte aus der Hand. »Nein, erst das Pony!«

»Na gut«, sagte Fritzi und wischte sich mit dem Handrücken den klebrigen Mund ab, »aba-vorfichtig-Mötl-ist-fehr-fenfibl!«

»Waaas?«, riefen Stella und Miyuki gleichzeitig. Fritzi war jedoch schon vom Koppelzaun gesprungen und gab den beiden ein Zeichen, mitzukommen.

»Ach …«, rief Fritzi und drehte sich im Laufen um, »er spricht übrigens französisch.«

Stella und Miyuki sahen sich fragend an, folgten ihr aber eilig. Sie waren furchtbar gespannt auf dieses (französisch) sprechende Pony!

Im Stall war die Stimmung mittlerweile wieder fast normal. Die Pferde knabberten genüsslich an ihrem Heu herum und blickten kaum auf, als die drei Mädchen hereinkamen. Fritzi ging schnell den Gang entlang zur Fohlenbox. Meurtelle stand sehr aufrecht darin und trainierte. Seine Hinterhufe hatte er seltsam übereinander gekreuzt und murmelte auf Französisch: »Krwasee derriääär«. Nun verschränkte er die Vorderhufe und sagte etwas wie »Krwasee avoooh«.

»Er macht Ballettübungen«, flüsterte Fritzi und sah Beifall heischend zu Stella und Miyuki.

»Ballettübungen?«, fragte Stella stirnrunzelnd, »sieht eher aus wie ein Mops auf Stelzen.« Sie sagte oft, was sie dachte, da sie überzeugt war, dass man immer die Wahrheit sagen sollte. Eine Höflichkeits-Lüge kam für sie also überhaupt nicht infrage.

Leider wollen manche Leute aber lieber belogen werden. Zwergponys sind da keine Ausnahme.

Meurtelle, der Stellas Worte genau gehört hatte, kam augenblicklich aus dem Gleichgewicht. Er ruderte und schwankte und versuchte verzweifelt, aufrecht stehen zu bleiben. Es klappte nicht: Seine vier verschränkten Hufe kamen ins Rutschen und er plumpste auf den Boden. Dort blieb er in einem seltsam gekreuzten Spagat liegen.

»Das ist jetzt also das elegante Moulin-Rouge-Pony«, stellte Miyuki nüchtern fest. Die Enttäuschung war ihr deutlich anzuhören.

Fritzi sah verlegen in die Box, in der Meurtelle hilflos herumzappelte.

»Was stehön Sie hier rum?«, schimpfte er »Helfen Sie mir auf, aber tuttswitt!«

Fritzi packte ihn am Hinterteil und versuchte, Meurtelle hochzuziehen. Doch der Ponyhintern bewegte sich keinen Zentimeter. Miyuki kam näher und umfasste Meurtelles Hals, und Stella versuchte, um seine Mitte herumzugreifen. Was nicht ganz einfach war bei seinem kugelrunden Bauch. Zum Glück sagte sie das diesmal nicht!

Sie zogen und zerrten, und schließlich gelang es ihnen, das Pony wieder auf die Hufe zu stellen.

»Na, das wurdö ja auch Zeit«, bedankte sich Meurtelle auf seine ganz eigene Art.

Stella wischte sich die Hände an ihrer Jeans ab und zeigte misstrauisch auf das Pony: »Und wann sagt er endlich mal was?«

Fritzi sah verdutzt zu ihr: »Aber er spricht doch schon die ganze Zeit!«

Stella und Miyuki blickten sich an und zuckten ratlos mit den Schultern.

»Kann er dann vielleicht NOCH MAL was sagen?«, fragte Miyuki versöhnlich.

»Meine Freundinnen glauben nicht, dass Sie sprechen können«, sagte Fritzi und sah Meurtelle bittend in die großen, braunen Ponyaugen.

»Natürlisch«, antwortete Meurtelle und warf den Kopf mit dem traurigen Federbusch-Rest nach hinten, »Pferde könnön ja auch nischt sprechön!«

»Habt ihr's gehört?«, rief Fritzi triumphierend.

»Nein«, sagte Stella und blickte mit schmalen Augen zu Fritzi.

»Was hat er denn gesagt?«, versuchte Miyuki es noch einmal.

»Er sagt«, antwortete Fritzi, »dass Pferde nicht sprechen können.«

45

»Eben«, entgegnete Stella, »das sage ich ja.« Wütend drehte sie sich um und stapfte den Gang entlang zur Stalltür: »Pffh, französisch sprechendes Pony!« Dabei stolperte sie über die Heugabel, die mit Karacho auf den Boden fiel. Die Pferde schreckten auf und polterten unruhig gegen die Stallwände.

Fritzi sah verdattert hinter Stella her. Was war bloß in die gefahren? Sie schüttelte den Kopf und drehte sich traurig zu Miyuki: »Glaubst DU mir wenigstens, dass er sprechen kann?«

»Vielleicht«, sagte Miyuki. Dann sah sie verlegen zur Seite.

Miyuki glaubte ihr also auch nicht. Aber warum hätte Fritzi sie anlügen sollen? Lügen brachten doch nur dann etwas, wenn man auch einen Vorteil davon hatte! Und was sollte der Vorteil von so einem frech daherplappernden Pony sein? Fritzi schossen die Tränen in die Augen. Sie drehte sich weg, damit Miyuki es nicht sehen konnte.

»Ich schaue mal nach Stella, ja?« Miyuki legte ihr kurz die Hand auf den Rücken und ging dann leise davon.

Fritzi setzte sich auf den kalten Stallboden und versuchte, nicht zu weinen. Eine Fliege lief ihr über die Stirn und sie pustete sie weg. Die Fliege hob ab und surrte vor ihrer Nase herum. Richie wollte sie fangen, doch der Fliege gelang es immer wieder, sich auf ein anderes Körperteil zu flüchten.

Auf einmal zupfte sie etwas am Ärmel. Sie wollte es mit der Hand verscheuchen und fasste an etwas Weiches. Weich wie Pferdenüstern. Meurtelle hatte es seltsamerweise allein geschafft, seine Box zu öffnen, und stand direkt hinter ihr.

»Nischt traurig sein«, sagte Meurtelle mit erstaunlich sanfter Stimme.

»Die sind total sauer«, sagte Fritzi und zog die Nase hoch, »und Sie sind schuld!«

Meurtelle stieß empört Luft durch die Nüstern und wollte schon eingeschnappt abdrehen. Da fiel ihm offensichtlich ein, dass er sich mit Fritzi gutstellen musste, wenn er auf dem Hof bleiben wollte.

»Nur ganz wenige Menschön könnön misch hörön«, versuchte er es schmeichelnd.

Misstrauisch sah Fritzi ihn an: »Aha, und warum gerade ich und nicht Stella oder Miyuki?«

»Weil Sie«, sagte Meurtelle und plinkerte mit den Augenlidern, »genauso alleine sind wie isch. Alleinsein macht traurig. Und traurige Herzön verstehön sisch überall auf der Welt!«

»Aber ich bin doch gar nicht traurig, ich hab doch Stella und Miyuki!«, protestierte Fritzi. »Und Pannagiotis!«

Meurtelle kam ganz nah an sie heran, sodass Fritzi nichts anderes mehr sah als seine riesigen, braunen Augen, die von langen Wimpern umkränzt waren. Dabei blies er ihr seinen muffigen Ponyatem ins Gesicht, wodurch Fritzi ein bisschen schwindelig wurde.

»Und zu Hause?«, fragte er dann sanft.

Fritzi dachte an ihren Vater, der nie da war, und ihre Mutter, die immer andere Dinge im Kopf hatte, und nickte. Dann dachte sie, dass sie ohne die Pferde manchmal fast verrückt geworden wäre. Leider wurde ihr nun aber auch klar, was das außerdem bedeutete: »Dann glauben Stella und Miyuki mir ja nie, dass Sie sprechen können!«

»Da habön Sie leidör rescht.« Betrübt sah Meurtelle an die Decke, an der sich die Fliege nun zu einer Menge ihrer Artgenossen gesellt hatte. Die Zeit schien dahinzutröpfeln wie Wasser aus einem verkalkten, alten Hahn.

»Ich hab's!«, rief Meurtelle plötzlich. »Damit könnön wir es beweisön.«

»Beweisen?«, fragte Fritzi und blinzelte eine Träne

weg. »Wie denn? Wenn ich Sie doch als Einzige verstehen kann.«

»Sie sagön den Mädschön«, antwortete Meurtelle und guckte dabei listig wie ein Fuchs, »dass sie mir Ja / Nein-Fragön stellön müssön. Ja ist einmal mit dem Huf an die Stallwand klopfön, nein zweimal.«

Fritzi sah Meurtelle prüfend an. »Mit dem Huf klopfen. Und das funktioniert?«

»Natürlisch!«, antwortete Meurtelle und schloss beruhigend die Augen. »Sie werdön sehön.«

Fritzi lächelte zaghaft. »Und dann merken sie, dass ich nicht gelogen habe?«

»So ist es.«

Sie sprang auf: »Ich gehe sie sofort holen!«

»Schickön Sie mir erst die kleine Dunkle«, erklärte Meurtelle, »und danach diese verrückte Blonde. Wir lassön sie ein wenig zappöln.«

»Gut.« Fritzi schniefte ein letztes Mal in ihr Taschentuch, warf Meurtelle vorsichtshalber noch einen warnenden Blick zu und machte sich dann auf den Weg nach draußen.

Die Sonne war durch den Nebel hindurchgekrochen und alles sah gleich viel freundlicher aus. Nur Stella und Miyuki nicht. Die saßen auf dem Koppelzaun und starrten schief zu Fritzi hinüber. So schief, wie man nur gucken kann, wenn man ober-ober-eingeschnappt ist. Fritzi blieb in der Stalltür stehen und überlegte, wie sie Stella und Miyuki dazu bringen konnte, mit Meurtelle zu sprechen. Da hörte sie von der Seite ein Geräusch. Ein leider recht bekanntes Geräusch. »Tok, schlurf, tok, schlurf«, machte es. Herr Kuchenbecker war aus dem Haus gekommen und humpelte auf seinem Gipsbein zu ihr hin.

Er war früher Jockey gewesen und daher sehr klein für einen erwachsenen Mann. Jockeys müssen ja leicht sein, damit die Rennpferde auf ihrem Weg ins Ziel nicht zusammenbrechen. Vom ständigen Sitzen auf runden Pferderücken hatte Herr Kuchenbecker ziemliche O-Beine bekommen. Ein zierliches Zwergpony hätte da bequem hindurchgehen können. (Meurtelle also nicht!)

Tok, schlurf, tok, schlurf.

»Was war das für ein Lärm?«, rief er und deutete auf den Stall.

Der Schreck fuhr Fritzi wie ein Kugelblitz in die Glieder. Wenn Herr Kuchenbecker jetzt in den Stall ging, dann war alles verloren! Meurtelle stand ja mitten im Gang und wartete auf Miyuki. Herr Kuchenbecker würde ihn sofort rauswerfen! Dann war er nicht mehr vor den fiesen Gangster-Ponys aus dem Moulin Rouge sicher.

»Alles in Ordnung«, antwortete sie schnell, »ich hab nur verschlafen.«

Bei Erwachsenen war es manchmal sinnvoll, etwas weniger Schlimmes zuzugeben (zum Beispiel zu spät kommen), damit sie das viel Schlimmere (fremder, seltsamer Mitfresser) nicht mitkriegten. Das war eine ganz spezielle Art der Flunker-Lüge. Nicht richtig gelogen, aber auch nicht ganz die Wahrheit.

Tok, schlurf, tok, schlurf, tok. Herr Kuchenbecker war stehen geblieben und grinste. Fritzi sah ihm an, dass der Trick auch bei ihm funktionierte: »Dachte ich mir doch, dass ihr ohne mich nicht klarkommt.«

Fritzi blickte ihn mit großen Augen an und nickte.

Leider bemerkte Herr Kuchenbecker nun Stella und Miyuki auf dem Zaun. »Was macht ihr denn so früh hier?«, fragte er verdutzt.

Stella sah kurz zu Fritzi, dann zu Herrn Kuchenbecker, und man konnte sehen, dass sie noch immer stinksauer war. Tatsächlich zeigte sie nun auf den Stall und sagte: »Da ist ein ...«

Fritzi stockte der Atem. Sie warf Stella einen strengen Blick zu und überkreuzte hektisch die Arme. Das sollte heißen: »Bitte sei still!« Aber Stella guckte stur über sie hinweg wie ein Haflinger-Wallach, der zu seinem Futtertrog will. Wenn Fritzi jetzt nicht schnell etwas einfiel, dann war alles verloren!

Neben der Stalltür stand ein Holzklotz, auf dem Miro manchmal Holz für Herrn Kuchenbeckers Kaminofen hackte. Darauf hatte Miyuki zuvor die Papiertüte mit den Zimtschnecken gepfeffert. Fritzi schnappte sich die Tüte, hob den Arm und schleuderte sie wild über dem Kopf. »Zimtschneckenalarm!« So schreit sonst nur ein Orang-Utan-Männchen, wenn ein anderer Affe sein Revier

bedroht. Die Tüte platzte auf, die Zimtschnecken schossen heraus und flogen wie verirrte Kanonenkugeln in alle Richtungen. Miyuki und Herr Kuchenbecker gingen in Deckung. In Stella jedoch erwachte ein Reflex, den nur langjährige Torhüterinnen kennen: Alles fangen, was herumfliegt.

Sie brach mitten im Satz ab und hechtete nach der Zimtschnecke, die auf sie zugeschossen kam. Das ruinierte ihr Schlafanzug-Oberteil leider endgültig, denn sie landete in einem schönen, weichen Pferdeapfelhaufen.

So etwas störte Stella aber nicht im Geringsten. Hauptsache, sie hatte gehalten!

Verdutzt starrte sie auf das Stallmädchenbanden-Gebäck in ihrer Hand. Das Zeichen für ihre ganz eigenen Bandengesetze, die man niemals für einen Erwachsenen brechen durfte! Sie sah hoch, fing Fritzis Blick auf und glotzte wieder auf die Zimtschnecke. Ein etwas verdutztes, aber sehr verstehendes Grinsen machte sich auf ihrem Gesicht breit. »Da ist …«, wiederholte sie, zeigte auf den Stall und Fritzi plumpste das Herz erneut in die Hose, »… ja eine echte Araneus diadematus!«

Herr Kuchenbeckers Blick folgte ihrem Finger und er starrte verwundert auf die Stallwand. Dort kroch gerade eine ziemlich gewöhnliche Gartenkreuzspinne entlang. Eine der Spinnen, wie sie sich täglich zu Dutzenden auf den Stallwänden des Holzapfelhofs tummelten.

Herr Kuchenbecker sah Stella an, Herr Kuchenbecker sah Fritzi an. Was diese verrückten Mädchen immer für Ideen hatten! Dann drehte er sich um und humpelte kopfschüttelnd zu seinem roten Backsteinhaus zurück. Tok, schlurf, tok, schlurf.

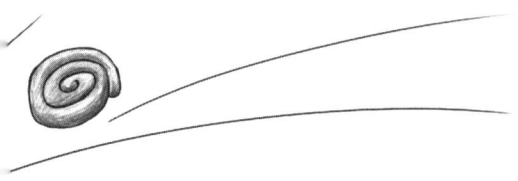

Loretta, Karol und die Kürbisoma

37 Kilometer vom Holzapfelhof entfernt waren zwei Gestalten auf einer Landstraße unterwegs. Die eine davon schimpfte, die andere trug einen Benzinkanister.

»Der Tank ist voll, der Tank ist voll«, geiferte Loretta, »hätt' ich mir ja denken können, dass ich mich auf dich Käsekopf nicht verlassen kann!«

»Was soll man machen, wenn die Anzeige kaputt ist?« Karol zuckte mit den Schultern.

»Kontrolle!«, keifte Loretta und blieb stehen. Ihre falschen Schlangenleder-Stiefel zerquetschten ihr fast die Zehen, so spitz waren sie.

»Wo?«, stieß Karol gehetzt hervor und duckte sich unwillkürlich.

»Idiot«, Loretta versetzte ihm einen Klaps auf den

Hinterkopf, »ich meine natürlich, du hättest die Anzeige kontrollieren sollen, da ist niemand!« Sie zeigte auf die menschenleere Straße, die sich öde und verlassen vor ihnen erstreckte.

»Ach so.« Karol entspannte sich und rieb sich den kahl rasierten Schädel. Natürlich wusste er genau, dass man hin und wieder die Benzinanzeige eines Autos überprüfen musste. Aber es machte ihm manchmal Spaß, so zu tun, als ob er ein kompletter Wirrkopf wäre. Ein Künstler musste sich schließlich interessant machen. Als Feuerspucker eines Zirkus war es unverzichtbar, ein bisschen besonders und geheimnisvoll zu wirken. Er, der große Feuerbändiger, konnte sich doch nicht um so alberne Dinge wie eine Tankanzeige kümmern!

»Schließlich gibt es Wichtigeres zu tun«, dachte er. »Zum Beispiel … äh, ja …?« Leider fiel ihm gerade nichts ein.

»Und wo finden wir hier in der Einöde eine Tankstelle?«, fragte Loretta nicht ganz zu Unrecht.

»Wir halten einfach den nächsten Wagen an.«

»Und wo siehst du hier einen Wagen?« Loretta blickte genervt die leere Straße entlang. Das letzte Auto war ihnen vor einer Stunde entgegengekommen. Da hatten sie aber noch Benzin gehabt. Und wenn dieser Trottel neben ihr gesagt hätte, dass die Tankanzeige kaputt war, hätte man dieses Auto bereits anhalten können. Dann würde sie jetzt gemütlich bei einer Tasse Kaffee sitzen. Loretta seufzte extra laut und streifte sich die mörderischen Stiefel ab. Würde sie sich eben auch noch die sündhaft teuren Netzseidenstrümpfe ruinieren! Bitte schön!

»Wenn du den Riegel der Box vorgeschoben hättest, wäre ich jetzt im Café. Wie jeden Samstag«, ließ sie ihren Frust an Karol aus. Jemand anderes war ja auch nicht da.

»Ich HABE den Riegel vorgeschoben«, beteuerte Karol zum gefühlt tausendsten Mal und erstaunlicherweise ganz geduldig. Loretta warf ihm einen verächtlichen Seitenblick aus ihren gelben Meerkatzenaugen zu und blies sich missmutig eine Ponysträhne aus dem Gesicht.

Plötzlich schmiss Karol sich auf den Boden und legte ein Ohr auf den Asphalt. Loretta schnappte nach Luft: »Bist du jetzt vollkom…«

»Ruhig!«, schnitt Karol ihr das Wort ab. »Ich spüre Schwingungen.«

Loretta verzichtete ausnahmsweise darauf, ihn weiter zu beschimpfen. Denn sie wusste: Wenn Karol Schwingungen spürte, dann waren da auch Schwingungen. Im

Fährtenlesen war er fast so gut wie im Feuerschlucken. Immerhin hatte er vor drei Tagen schon die Hufspuren auf dem Feldweg gefunden!

Sie beugte sich zu ihm hinunter, was in ihrem super engen schwarzen Lederrock nicht ganz einfach war, und fragte: »Nun sag schon, was ist es?«

Karol legte angestrengt die Stirn in Dackelfalten, um zu zeigen, dass er mit etwas sehr, sehr Wichtigem beschäftigt war. Er drehte die Augen nach rechts, er drehte die Augen nach links. »Etwas Großes«, raunte er, »ich spüre ...«

»Jajajaja?«, forderte Loretta ungeduldig.

»Mindestens ... einen Bus oder einen Lkw.«

»Na also«, jubelte Loretta, »du bist ja doch noch zu was zu gebrauchen!« Sie richtete den Blick in die Ferne, wo nun ein winziges Fahrzeug zu erkennen war. »Da kommt der Bus«, rief sie aufgeregt und umarmte Karol, der sich mittlerweile hochgehievt hatte, »wir sind gerettet!«

Loretta erkannte nur sehr verschwommen ein orangenes Etwas, das langsam näher kam. Aus Eitelkeit trug sie nämlich keine Brille. Das führte manchmal zu Problemen, da Loretta sich auch bei der Arbeit weigerte, eine Brille aufzusetzen. Das wäre schon bei einer Sekretärin unpassend, bei der Messerwerferin eines Zirkus war extreme Kurzsichtigkeit aber ziemlich schwierig.

»Du bist der Knaller!« Loretta strahlte Karol an. Dieser hatte mit einem Blick über ihre Schulter längst erkannt, was sich tatsächlich auf der Landstraße auf sie zubewegte. Doch er wollte Lorettas seltenen Anflug von guter Laune noch ein wenig genießen und forderte sie zu einem Tango auf. Den hatten sie früher gern zusammen getanzt, doch seit sie mit dem Zirkus immer weniger Geld verdienten, machte Loretta sich nur noch Sorgen und hatte darauf keine Lust mehr. Sie dachte nur noch an Geld, Geld und … Geld.

Als Karol gerade zu einer Drehung ansetzte und Loretta in Richtung Straße blickte, stieß sie plötzlich einen markerschütternden Schrei aus. Es gab nun keinen Zweifel mehr (nicht einmal für eine stark kurzsichtige Messerwerferin), dass das erste Fahrzeug, das ihnen nach einer Stunde in dieser Einöde begegnete, nur ein klappriges Mofa war. Darauf saß eine alte Bäuerin, die gerade von der Ernte nach Hause fuhr. Auf ihren Gepäckträger hatte sie 41 knallorange Kürbisse geladen, die sie mit einem Netz zu einem riesigen Berg zusammengeschnürt hatte. Er war mindestens dreimal so breit und doppelt so hoch wie das Mofa, was aus der Ferne durchaus wie ein

Lastwagen wirken konnte. Aus der Nähe war jedoch vollkommen klar, dass es für drei Personen mit Benzinkanister absolut unmöglich war, mit diesem Fahrzeug von der elenden, verlassenen Landstraße wegzukommen.

Loretta schrie immer noch, als die Mofa-Oma bis auf wenige Meter herangekommen war. Diese sah zwei dunkel gekleidete Gestalten, von denen die eine mit einem spitzen Stiefel auf die andere einhieb und dabei Laute ausstieß, wie sie nicht einmal ihr stärkster Mastbulle von sich gab, wenn er einen Rivalen witterte.

Vor Schreck machte die Bäuerin einen Schlenker. Der Kürbisberg geriet aus dem Gleichgewicht und wankte hin und her. Das Mofa kam ins Schlingern und riss die Oma zu Boden. 41 Kürbisse kullerten über die Straße, als das Netz um sie herum platzte.

»Schnell, du schnappst dir das Mofa, Backpflaume«, herrschte Loretta Karol an, »ich kümmere mich um die Alte!« »Kümmern« bedeutete bei Loretta, dass sie die Oma fesseln und knebeln wollte. Und dann an einen Baum binden und ihr womöglich noch das Geld abknöpfen, das sie bei sich trug.

Karol strich sich verlegen über den blonden Ziegenbart. Betrügen, lügen und Leute reinlegen war eine Sache. Aber eine alte Oma beklauen, das ging nun wirklich zu weit! Die zierliche Frau mit dem grauen Dutt erinnerte ihn an seine Großmutter in Masuren, einer Gegend in Polen. Die Großmutter hatte immer so köstliche Racuchy gebacken. Pfannkuchen, die man dick mit Pflaumenmus oder Ahornsirup bestrich. Die schmeckten, mhhh!

Karol konnte das gerade noch zu Ende denken, als er auch schon einen saftigen Stoß zwischen die Schulterblätter bekam, der ihn zur Oma hin katapultierte. Die alte Frau lag noch immer halb unter dem Mofa und rührte sich nicht. Dabei begrub sie einen Kürbis unter sich, der etwa die Größe eines Fußballs hatte.

Was Karol ebenfalls nicht sah, war, dass Oma Liselotte zwischen ihren leicht geöffneten Augenlidern hindurchspähte. Und er konnte nicht wissen, dass die alte Dame in der dunkelblauen Latzhose im ganzen Landstrich als Kürbis-Lilo bekannt war, weil sie jede Meisterschaft im Kürbis-Weitwurf gewann.

Als Karol fast bei der Bäuerin angekommen war, schlug sie auf einmal die Augen auf. Noch ehe Karol reagieren konnte, rollte sie sich in einer erstaunlich geschmeidigen Rolle rückwärts auf die Beine und donnerte Karol den Kürbis mit Karacho ins Gesicht. Er verdrehte die Augen, hörte tausend Engel singen und kippte nach hinten. Der Kürbis prallte auf den Asphalt und zerplatzte in tausend Stücke. Loretta, die das Treiben mit offenem Mund beobachtet hatte, konnte dem nächsten Flug-Kürbis gerade noch ausweichen. Sie ging in Deckung, schnappte sich einen Kürbis und feuerte ihn zu der Oma hinüber: »Nimm das, alte Schabracke!«

Kürbis-Lilo sprang flink nach links und der Kürbis zerplatzte auf dem Boden. »Ganz schön flott, die Alte, was?«, kicherte sie mädchenhaft. Sie nahm einen Kürbis, legte ihn an den Hals wie eine Kugelstoßerin und schleu-

derte ihn zu Loretta: »Wie wär's damit, Fräulein Stecken-
bein?«

Loretta duckte sich elegant darunter hinweg und
bückte sich zugleich nach der nächsten Frucht: »Ha, da
musst du schon früher aufstehn, Runkelrübe!« Mit der
ganzen Kraft ihres zierlichen, aber zähen Körpers
schmetterte sie den Kürbis zu Kürbis-Lilo, die beim
Wegspringen leicht an der Hüfte gestreift wurde.

Das machte die Bäuerin noch viel wütender, und sie
donnerte einen riesigen Kürbis auf Loretta, der diese an
der Schulter traf und beinah umgeworfen hätte.

Während Karol von den weiten Landschaften seiner
Heimat träumte, gingen so 16 Kürbisse hin und her,
ohne dass eine der beiden Werferinnen richtig schwer
getroffen wurde. Kürbis-Lilo musste zähneknirschend
anerkennen, dass die schwarzhaarige Banditin eine
erstaunlich verbissene Gegnerin war. Die Straße glich
mittlerweile einem Schlachtfeld aus orangem Matsch.
Loretta duckte sich gerade noch unter einem besonders
raffinierten Kürbisfallwurf der Alten weg und schmetterte sogleich einen Minikürbis zurück. Der unerwartet
rasche Gegenwurf erwischte sie jedoch Vollkaracho an
der Schläfe. Sie verdrehte die Augen, machte eine kleine,
nicht unelegante Pirouette und fiel dann um wie ein

geborstener Schiffsmast. Das hatte den Vorteil, dass ihr die Benzinsorgen nun vollkommen egal waren.

Kürbis-Lilo nahm sich noch die Zeit, die verbliebenen 22 Früchte einzusammeln und sie wieder auf ihren Gepäckträger zu binden. 19 Kürbisse hatte sie in der Schlacht verloren, aber das war es ihr wert gewesen. Sie startete ihr Mofa, warf einen kurzen Blick auf die beiden Ohnmächtigen und knatterte dann sehr zufrieden davon. Bald schon war sie hinter der nächsten Baumreihe verschwunden.

Gerade als zuerst Loretta, dann auch Karol wieder zu Bewusstsein kamen, fuhr am Ort des Kürbis-Massakers ein Autobus vorbei. Das war das Fahrzeug, dessen Schwingungen Karol eine Viertelstunde zuvor ganz deutlich erspürt hatte.

Das Pony-Einmaleins

»Ständig warten wir auf Miyuki!«, maulte Stella und rutschte hibbelig auf dem Koppelzaun hin und her. Genau genommen warteten sie erst zum zweiten Mal auf ihre Freundin, die aber tatsächlich manchmal etwas herumtrödelte. Doch Stella gehörte nun einmal nicht zu den geduldigsten Menschen. Nervös knabberte sie an ihren Fingernägeln herum.

Das machte sie oft, wenn sie über irgendetwas nachdachte. Die meisten Mütter hätten sie natürlich sofort ermahnt, damit aufzuhören, denn die Nägel sahen dadurch sehr hässlich aus. Stellas Mutter, Frau van der Stock, war so etwas aber egal. Sie war Insektenforscherin (deshalb kannte Stella alle Insektennamen) und interessierte sich mehr dafür, warum zum Beispiel der Marienkäfer so viele Punkte auf dem Rücken hat. Und sie wusste, dass Tiere manchmal etwas tun, um von einer anderen Sache abzulenken: Wenn eine Katze gerade nicht weiterweiß, putzt sie erst einmal ausgiebig. So gewinnt sie Zeit und ihr Problem löst sich währenddessen vielleicht von ganz alleine.

Wenn Stella also Nägel kaute, glaubte Frau van der Stock, dass sie dabei über ein wichtiges Problem nachgrübelte. Wenn man dazu noch ein schlaues Gesicht aufsetzte, sagte Stellas Mutter, konnte Nägelkauen außerdem eine sehr gute Tarnung sein, falls man in der Schule keine Ahnung hatte, worum es gerade ging. Die Lehrer dachten dann nämlich, man würde gerade über die ultimative Welterklärungsformel oder den Namen für eine neu entdeckte, transsilvanische Tierart nachdenken. Sie glaubten, dass sie es mit einem schlummernden Genie zu tun hatten, und ließen einen in Ruhe.

Dieser Ratschlag hatte dazu geführt, dass Stellas Nägel vollkommen ruiniert waren und der Mathelehrer immer noch auf den Ausbruch ihres Genies wartete.

Nun saß Stella also auf dem Zaun, kaute an ihren Nägeln und grübelte. Meurtelles Trick, sie auf die Folter zu spannen, indem zuerst Miyuki testen durfte, ob er wirklich sprechen konnte, hatte bestens funktioniert. Fritzi beobachtete mit unterdrücktem Grinsen, wie Stella von Minute zu Minute ungeduldiger wurde. Ein wenig Rache für den Beinahe-Verrat bei Herrn Kuchenbecker konnte aber nicht schaden!

»Ich geh da jetzt rein!«, rief Stella wie ein Polizist, der gerade ein Räubernest hochnehmen will, und sprang vom Zaun. Fritzi packte sie schnell an einem Ärmel ihres Schlafanzugoberteils, obwohl der noch voller Pferdemist war. »RATSCH«, machte es und im Ärmel klaffte ein Riss.

»Das kann man nähen«, versuchte Fritzi, Stella zu beruhigen. Aber die blickte nur verblüfft auf ihre gerade freigelegte Schulter. Sie raffte den Stoff zusammen und riss mit einem entschlossenen Ruck den ganzen Ärmel ab.

»Das roch eh so komisch«, verkündete Stella und kniff die Augen zusammen.

Die Sonne war schon am Horizont hochgeklettert und brannte nun grimmig auf den Holzapfelhof herab. Ein erstaunlicher Frühherbsttag nahm Anlauf, als heißester Tag im September in die Zielgerade einzulaufen.

Fritzi hüpfte vom Koppelzaun und legte Stella eine Hand auf den nackten Arm: »Sollen wir mal zusammen reingehen und gucken?« Nicht, dass Stella sich vor lauter Ungeduld auch noch die Hosenbeine abriss.

Stella und Fritzi blinzelten, als sie aus dem grellen Tageslicht in den dämmrig-dunklen Stall traten. Meurtelle stand neben Miyuki im Gang und machte wieder komische Verrenkungen. »Posisiohh döh«, hörte Fritzi. »Position zwei«, ahmte Miyuki Meurtelles Bewegungen nach und stellte beide Fußspitzen nach außen.

»Ehhh Arabesquöh.« Meurtelle streckte einen Huf waagrecht nach hinten und einen nach vorn, was Miyuki wiederum mit einem Arm und einem Bein nachahmte. Das sah bei ihr sehr elegant aus. Bei Meurtelle sah es … nun ja.

»Was machen die denn da?«, flüsterte Stella.

»Ich glaube, sie üben Ballettfiguren«, raunte Fritzi zurück und unterdrückte ein Grinsen.

»Wusste ich's doch, dass ihr hier nur Blödsinn macht«, platzte Stella lautstark heraus und stemmte die Arme in die Hüften. Meurtelle erschrak und geriet schon wieder aus dem Gleichgewicht. Diesmal rutschten ihm die Hufe jedoch jeweils nach vorn und nach hinten weg, sodass er wie ein gestrandeter Wal auf den Stallboden klatschte.

Seltsamerweise blieb Meurtelle diesmal ganz ruhig

und blickte so selbstverständlich in die Runde, als ob diese sonderbare Ballettfigur Absicht wäre.

Als sie ihn wieder aufgerichtet hatten und Fritzi ihm ein wenig Stroh aus dem Fell zupfte, flüsterte er ihr ins Ohr: »Lassön Sie misch jetzt allein mit der verrücktön Blondön!«

Zwei Minuten später stand Stella, die Hände in die Hosentaschen versenkt, mit Meurtelle im Gang. Sie guckte trotzig auf ihre Schuhe und fuhr mit der linken Fußspitze über den Stallboden. Sollte dieses Pony doch reden, wenn es glaubte, reden zu können. Sie würde ihm jedenfalls so schnell keine Frage stellen! Das wäre ja noch schöner: mit einem Pon…

»Aaaahhh!!!« Stella schrie erschrocken auf, als sie etwas am Ärmel packte. Meurtelle stand hinter ihr und hatte sich in ihr Oberteil verbissen. »Lass das sofort los!«, giftete sie und versuchte, den Stoff aus Meurtelles Maul zu ziehen. Meurtelle zerrte aber nur noch fester daran und stemmte sich mit den Hinterhufen dagegen. Der Stoff spannte und wurde lang und länger, doch keiner der beiden Gegner gab auch nur einen Zentimeter nach. Meurtelle musterte Stella herausfordernd, spannte die Kaumuskeln an und riss mit einem Ruck den zweiten

Schlafanzugärmel ab. Dann schwang er ihn ein paarmal im Kreis umher und schleuderte ihn mit einem lässigen Kopfwurf nach hinten.

Stella verschlug es vor Empörung die Sprache. Meurtelle hingegen amüsierte sich prächtig. Er bleckte seine gelben, schiefen Zähne und stieß Laute aus, wie sie sonst nur stark quietschende Kühlschranktüren von sich geben. Das klang so bescheuert, dass Stella nicht mehr anders konnte, als ebenfalls lauthals loszulachen.

»Du bist ja genauso verrückt wie ich!«, rief sie, als sie wieder sprechen konnte.

Meurtelle nahm das offenbar als Kompliment und blickte geschmeichelt auf den Boden.

Stella kniff streng die Augen zusammen: »Ist Paris die Hauptstadt von Frankreich?«

Meurtelle bedachte sie mit einem Blick, der ihr wohl klarmachen sollte, dass diese Frage unter seinem Niveau war, und klopfte einmal lustlos mit dem Huf gegen die Stallwand. Das bedeutete »Ja«.

»Richtig«, gab Stella zu, »aber viel zu einfach. Kann auch Zufall gewesen sein.« Sie überlegte. Sie musste ihn etwas fragen, was er NICHT mit Ja oder Nein beantworten konnte. Sonst war die Chance, dass er einen Zufallstreffer landete, viel zu groß. »Wie viele Mitglieder hat unsere Stallmädchenbande?«

Meurtelle klopfte einmal gelassen mit dem Huf gegen die Stallwand, machte eine kurze Pause und klopfte dann ein zweites Mal. Dann stellte er den Huf ab und wartete.

»Ha!«, wollte Stella schon triumphierend ausrufen, da hob Meurtelle erneut, aber äußerst langsam den Huf und klopfte ein drittes Mal gegen die Wand. Stella glaubte, dabei ein Grinsen über sein Gesicht huschen zu sehen.

»Na warte«, dachte sie, »dir werde ich's zeigen!«

»Ein Wanderweg ist zehn Kilometer lang«, sagte sie, »ein schwarz-weißes Pony läuft jeden Tag 500 Meter. Ein dickes schwarz-weißes Pony.« Dieser Hinweis war für die Rechenaufgabe völlig unnötig, aber Stella warf dabei einen bissigen Seitenblick auf Meurtelles Hängebauch. »Da es aber ein Schlafwandler ist«, fuhr sie fort, »geht es jede Nacht wieder 250 Meter zurück. Wie viele Tage braucht es also, um ins Ziel zu kommen?«

Triumphierend sah Stella Meurtelle an, der ein wenig ratlos zurückzublicken schien. (Vielleicht dachte er aber auch gerade darüber nach, ob er jetzt eingeschnappt sein sollte.)

Stella grinste. Jetzt hatte sie ihn erwischt! Damit war eindeutig bewiesen, dass Meurtelle ein stinknormales Pony war, das kein Wort verstand! Geschweige denn sprechen konnte.

Auf einmal rollte Meurtelle mit den Augen, blies die Backen auf und eine kleine, weiße Rauchwolke verpuffte jeweils rechts und links aus seinen Ohren und wanderte zur Stalldecke empor. Dann hob er sehr langsam und bedächtig den Huf, warf Stella einen kurzen, leicht eingebildeten Blick zu und schrieb eine gut erkennbare und sehr richtige 40 in den Staub.

Retter und Räuber

Pfeifend radelte Fritzi durch sonnenbeschienene Felder nach Hause zurück. Sie hatte ihrer Mutter versprochen, zum Mittagessen da zu sein. Nun war die »Mittagessenszeit« bei Freitags aber nicht ganz festgelegt: Das konnte zwölf Uhr sein, ein Uhr oder zwei, je nachdem, wann Nina-Mama am Abend nach Hause gekommen war. Das lag nicht nur daran, dass Fritzis Mutter Sängerin war, sondern auch noch daran, dass sie in ihrem Brotberuf Straßenbahnfahrerin war. Brotberuf nannte sie es deshalb, weil sie damit das Geld für die Familie verdiente, ihre Leidenschaft aber nicht das Straßenbahnfahren war, sondern das Singen in der Band. Komisch eigentlich, denn Fritzi fand Straßenbahnfahren viel toller als Singen!

Jedenfalls hat eine Straßenbahnfahrerin keine festen Arbeitszeiten wie Leute, die im Büro arbeiten. Straßenbahnen fahren schließlich Tag und Nacht.

Fritzi seufzte. Hoffentlich hatte Nina-Mama wenigstens eingekauft, denn nach der ganzen Aufregung hatte sie einen Bärenhunger.

Als Stella aus dem Stall gekommen war, hatte Fritzi sofort gesehen, dass Meurtelle sie rumgekriegt hatte. Stellas Augen hatten geglänzt wie Kugeln an einem Weihnachtsbaum. Was sie dann aber sagte, hatte sogar Fritzi überrascht: »Meurtelle kann Mathe!«, hatte sie gerufen und mit den nackten Armen in der Luft herumgefuchtelt. Fritzi hatte lieber nicht gefragt, warum der zweite Ärmel nun auch noch abgerissen war.

Dann hatte Stella sich zu ihnen auf den Zaun gesetzt und ihnen von dem wunderbaren Pony vorgeschwärmt, das neuerdings im Stall des Holzapfelhofs stand: »Meurtelle ist echt suuuperschlau und extreeemst gerissen.«

»Ach ja?« Fritzi hatte sich das Grinsen verkneifen müssen.

»Und er lässt sich nicht so leicht reinlegen.« Stella hatte anerkennend genickt.

Miyuki war sowieso hin und weg gewesen, seit Meurtelle ihr neue Ballettübungen gezeigt hatte. Auch wenn sie bei ihm ein wenig bescheuert ausgesehen hatten.

Fritzi hatte sich jeglichen Hinweis darauf verkniffen, dass Stella und Miyuki dies vor einer halben Stunde noch ganz anders gesehen hatten. Siege musste man schließlich im Stillen genießen.

Dann hatten sie zusammen überlegt, wie sie Meurtelle dauerhaft vor Herrn Kuchenbecker verstecken konnten. Er klagte ja ohnehin ständig, dass das Futter viel zu teuer geworden sei. Außerdem mussten sie sich überlegen, was sie dem Stallburschen Miro sagen sollten. Der war im Moment das größere Problem, denn er ging ja, außer am Wochenende, jeden Tag in den Stall. Und sie hatten beim großen Stallmädchenehrenwort geschworen, niemandem, aber wirklich NIEMANDEM von Meurtelle zu erzählen. Denn man konnte ja nicht wissen, ob die Gangster-Ponys aus dem Moulin Rouge noch hinter ihrem Kollegen her waren.

Schließlich waren Stella und Miyuki noch einmal in den Stall zurückgegangen. Stella wollte Meurtelles struppiges Fell ein bisschen ausbürsten und Miyuki seine Mähne in tolle Affenschaukel-Zöpfe verwandeln. Mit anderen Worten: Stella und Miyuki waren total verknallt in Meurtelle.

Als Fritzi in die Einfahrt des kleinen, ein wenig schiefen Häuschens bog, in dem sie mit ihrer Mutter und ihrem Bruder lebte, kam Nina-Mama gerade aus der Haustür und winkte fröhlich: »Komm schnell, Essen ist fertig!« Sie hatte ihre rotbraunen Haare zu einem Zopf gebunden und sich sogar eine Schürze umgelegt.

Fritzi schluckte und sprang vom Rad. Wenn Nina-Mama eine gute Hausfrau sein wollte, bedeutete dies, dass entweder etwas sehr Blödes oder etwas sehr Gutes passiert war. Bei ihrer chaotischen Mutter war es aber wahrscheinlicher, dass etwas Blödes vorgefallen war.

»Es gibt Pizza!«, rief Nina Freitag nun und winkte Fritzi aufgeregt zu sich. Enttäuscht schob Fritzi ihr Ringelrad in die Garage und ging zur Haustür. Tiefkühl-pizza gab es mindestens jeden zweiten Tag bei Freitags.

Lustlos schlurfte sie in die Küche, wo Niklas am Tisch saß und auf eine bunte Postkarte glotzte. »Papa?«, fragte Fritzi knapp und deutete auf die Karte. Niklas nickte, und Fritzi tat es wieder einmal weh, zu sehen, wie stolz Niklas war, wenn Papa sich ausnahmsweise einmal meldete. Dabei hatte er ihn in seinem Leben überhaupt erst drei Mal gesehen! Wenn Papa von seinen Reisen nach Hause kam, fuhr er herum und hielt überall Fotovor-träge, um Geld für die nächsten Reisen zu sammeln. Also war er dann eigentlich auch wieder weg. Und sobald er genug Geld zusammenhatte, zog es ihn zurück in die weite Welt.

Nina-Mama flitzte auf bloßen Füßen durch die Küche, sodass man ihre lila lackierten Zehennägel sehen konnte. Jede Woche trug sie eine andere Farbe und hatte daher bestimmt 1278 Fläschchen Nagellack im Bad stehen. Sie öffnete die Backofentür und holte das Backblech heraus. »Pizza Salami-Artischocken-Peperoni«, sagte sie und stellte triumphierend das Blech auf den Herd, »mit extra viel Käse!«

»Selbst gemacht?«, fragte Fritzi erstaunt und freute sich. Dann fiel ihr wieder ein, dass das auch etwas Blödes bedeuten konnte, und ihre Miene verfinsterte sich: »Kommt Papa?« Das würde nämlich heißen, dass es ein riesiges Durcheinander gab, jeder sich Hoffnungen machte, dass Papa diesmal doch blieb, und er sie wieder nur enttäuschen würde. Darauf konnte Fritzi wirklich verzichten.

»Papa?«, fragte Nina-Mama erstaunt und hörte kurz damit auf, die Pizza in große Stücke zu zerteilen, »nein, der ist doch in der Kalahari.« Sie gab Fritzi einen Teller mit einem großem Stück Pizza darauf, das diese an Niklas weiterreichte. »Das ist eine Wüste in Afrika.«

Fritzi verdrehte die Augen: Dass Erwachsene immer dachten, man hätte von überhaupt nichts eine Ahnung! Dabei wusste sie sogar, dass die Kalahari über eine Million Quadratkilometer groß war! Bevor sie sich aber allzu sehr darüber aufregte, wollte sie lieber herausfinden, was heute los war: »Und warum gibt es dann Pizza?«

»Jetzt setzt euch erst mal hin und esst«, sagte Nina-Mama und stellte sich und Fritzi einen Teller auf den Tisch. Dann schob sie die Pizza wieder in den Backofen, legte die Schürze ab und setzte sich dazu.

»Es ist so«, raunte sie dann, »wir bekommen einen Plattenvertrag. Und werden berühmt.« Ein Musikprodu-

zent würde eine CD mit ihren Songs machen und die konnte man dann im Laden kaufen.

Gelangweilt biss Fritzi in die Pizza. »Hm«, quetschte sie kauend hervor. Einen »Plattenvertrag« glaubte Nina-Mama mindestens einmal im Monat zu bekommen. Kein Grund, mit dem Pizzaessen aufzuhören. Denn die schmeckte köstlich! Wenn ihre Mutter einmal kochte, dann war es wirklich gut. Aber warum bloß wollten alle immer berühmt sein?

»Ja, ist das nicht megacool!«, rief Nina-Mama nun und strahlte ihre Kinder an. Fritzi fand es besonders peinlich, wenn Nina-Mama redete, als wäre sie kaum älter als

Fritzi. Sie kniff die Lippen zusammen. Niklas aber strahlte zurück und biss froh in seine Pizza.

»Manchmal ist es auch praktisch, der kleine Bruder zu sein, der nix kapiert«, dachte Fritzi.

Dann erzählte Nina-Mama von diesem »krassen Typen«, der gestern beim Konzert gewesen war, und wie »mega« er ihre Stimme gefunden hatte und, und, und.

Fritzi kaute auf ihrer Pizza herum und dachte an Meurtelle. Seit sie dieses Showpony aus dem Moulin-Rouge gefunden hatte, machte ihr alles überhaupt nichts mehr aus. Komisch, dabei war das Pony doch so fordernd und so unverschämt. »Traurige Herzen verstehen sich überall auf der Welt!«, dachte Fritzi und fühlte sich auf einmal viel weniger allein.

Für den Abend war sie wieder zum Geheimtreffen mit Stella und Miyuki im Stall verabredet, um zu überlegen, wie es mit Meurtelle weitergehen konnte. Fritzi versank in Gedanken und wachte erst wieder auf, als Nina-Mama sie auffordernd ansah. Offensichtlich wartete sie auf eine Antwort. »Was?«, fragte Fritzi und blickte Hilfe suchend zu Niklas. Der war aber gerade damit beschäftigt, die oberste Schicht Käse von der Pizza abzuziehen, sie um seinen Finger zu wickeln und sie sich dann in den Mund zu stecken.

»Ob ich das rote oder das graue Kleid anziehen soll?«, wiederholte Mama die Frage, die sie offensichtlich gerade schon einmal gestellt hatte.

»Wozu?«, fragte Fritzi verwundert und blickte an Nina-Mamas ausgeleiertem T-Shirt hinunter, auf dem vorne in verwaschenem Pink »DIE WILL NUR SPIELEN« stand. Dazu trug sie sehr enge rote Leder-Leggings, in denen sie mit ihren dünnen Beinen wie ein Storch aussah, fand Fritzi. Sie seufzte. Es war ja schön, eine junge Mutter zu haben, aber hoffentlich ging sie so nicht auf die Straße.

»Für das Vorspielen«, erklärte Nina-Mama nun und ein leicht missbilligender Ton mischte sich in ihre Gute-Laune-Stimme.

»Ach so«, sagte Fritzi, die keine Ahnung hatte, welche Kleider ihre Mutter meinte, da sie selbst am liebsten Jeans und Gummistiefel trug, »nimm doch das graue.«

»Aber ist das rote nicht viel stylisher zu meinen Haaren?« Nina-Mama hielt eine Haarsträhne gegen das Sonnenlicht. Eigentlich hatte sie die gleichen dunklen Spaghetti-Haare wie Fritzi, hatte sie aber rotbraun gefärbt.

»Dann nimm halt das rote.«

»Nein, ich nehm das graue, das ist schlichter«, beantwortete sich Nina-Mama wie meist ihre Klamotten-Frage einfach selbst. Normalerweise kam »schlicht« für Nina-Mama absolut nicht infrage. Fritzi schloss daraus, dass das Vorspielen diesmal wirklich etwas Besonderes sein musste.

»Ich geh heute Abend noch mal in den Stall«, sagte sie.

»Ja, okay«, antwortete Nina-Mama gedankenverloren und begann, den Tisch abzuräumen. Der Vorteil bei einer jungen Mutter war, dass sie viel mehr erlaubte als andere. Manchmal hätte Fritzi aber gern gehabt, dass sie zu etwas »Nein« sagte. Wenn man immer alles durfte, war nichts mehr etwas Besonderes.

»Ich will mihit!!!«, rief Niklas.

Fritzi schüttelte den Kopf. Niklas konnte sie unmöglich begleiten. Die Stallmädchenbande hatte sich geschworen, niemandem, aber auch wirklich niemandem von Meurtelle zu erzählen.

»Du hast es versprochen«, quengelte Niklas sofort und zog eine Schnute.

Ja, Fritzi hatte es ihm tatsächlich am Vortag versprochen, aber da hatte sie ja noch nicht gewusst, dass am nächsten Tag ein sehr geheimes Showpony im Stall stehen würde!

»Das hast du geträumt«, sagte sie mit schlechtem

Gewissen und bearbeitete mit dem Messer ihren Pizza-rest, als ob es nichts Wichtigeres auf der Welt gäbe. Dies war eine absolute Not-Lüge, aber das konnte Niklas ja nicht wissen. Für ihn musste es wie eine echte Fiesheits-Lüge klingen!

»Du bist so fiiiies!«, rief Niklas prompt und begann, laut zu weinen. Fritzi blickte Hilfe suchend zu Nina-Mama, die sofort spürte, dass es um etwas wirklich Wichtiges ging.

»Wir wollten doch heute Abend zusammen die neue Folge von ›Räuber Ratlos‹ gucken«, sagte sie und zwin-kerte Fritzi verschwörerisch zu.

Niklas hörte augenblicklich auf zu kreischen, warf die Arme in die Höhe und jubelte: »Juhu, Räuber Ratlos!!!«

Es funktionierte einfach immer.

»Bald fällt Niklas auf diesen Trick nicht mehr rein«, dachte Fritzi, »aber jetzt ist es eben noch praktisch.«

Sie atmete auf und steckte sich das letzte, viel zu große Stück Pizza in den Mund. Mit vollen Backen warf sie Nina-Mama einen dankbaren Blick zu, kaute und dachte, dass ihre kleine, etwas seltsame Familie vielleicht doch ganz in Ordnung war. Zumindest in diesem Mo-ment.

Der Buchstaben-Beleidigungs-Wettbewerb

44 Kilometer davon entfernt gingen zwei Gestalten noch immer in der falschen Richtung die Landstraße entlang und klaubten Kürbisreste von ihrer Kleidung.

Als der Bus vor zwei Stunden an ihnen vorbeigefahren war, war nicht nur die Hoffnung, von dieser öden Landstraße wegzukommen, zerstoben wie eine aufgeplatzte Tüte Mehl. Nein, der Bus war auch noch scharf durch den Kürbismatsch hindurchgebrettert und hatte sie über und über mit der orangenen Pampe bespritzt. Ihr Winken hatte der Busfahrer absichtlich übersehen, denn er wollte sich vermutlich die Polster nicht schmutzig machen. Das hatte ihre Laune verständlicherweise nicht unbedingt verbessert.

»Toll, wie du dich um die Kürbis-Oma ›gekümmert‹

hast!«, fing ausnahmsweise einmal Karol an, in Richtung Loretta zu giften, die ihn mit einem ihrer mörderischsten Blicke bedachte.

»Wärst du nicht gleich beim ersten Kürbis umgefallen, hätten wir jetzt zumindest ein Mofa«, keifte sie prompt zurück.

»Hättest du besser getroffen, wäre die Oma jetzt k. o.«, lieferte Karol nach und fuchtelte mit dem Benzinkanister herum.

»Wärst du nicht so lange ohnmächtig gewesen, hätten wir sie ins Kreuzfeuer nehmen können«, ließ Loretta sich nicht lange bitten.

Karol stolperte müde die Landstraße entlang und grübelte angestrengt über ein paar saftige Schimpfwörter nach. Immer, wenn sie sich gegenseitig nichts mehr vorzuwerfen hatten, eröffnete einer von ihnen den sogenannten BBW, den Buchstaben-Beleidigungs-Wettbewerb. Und jetzt war es eindeutig so weit.

»Zimtziege!«, fing Karol mit dem schwierigen Buchstaben Z an.

»Zeckenhirn!«

»Zasterzenzi!«

»Zementschädel!«

»Zuckerpuppe!«

Loretta stutzte: »Das ist ein Kompliment!«

»Aber nicht, wenn man wie du keine Süßigkeiten mag«, beharrte Karol.

Loretta überlegte kurz: »Stimmt auch wieder, Zwiebelkopf!«

»Zauberfee!«

»Das ist schon wieder ein Kompliment«, Loretta blieb stehen und musterte ihn aus kalten Augen, »willst du dich bei mir einschleimen?«

Karol nutzte den kurzen Moment, um Loretta eine Kürbisspalte aus den Haaren zu klauben.

»Fummelfinger!« Loretta schüttelte seine Hand ab.

»Gilt nicht! Ist mit F!«

»Zupfhansel!«

»Zitterhenne!«

Sicherlich hätten die beiden noch eine ganze Weile so weitergemacht, wenn nicht in dem Moment, hinter einer kleinen Kuppe, ein Fahrzeug aufgetaucht wäre. Diesmal hatte Karol keine Schwingungen gespürt, da er ganz mit dem BBW beschäftigt gewesen war.

»Ein Trecker!«, jubelte Loretta, um sich dann zu verbessern, »ein sehr alter, kleiner Trecker … hm.«

»Das macht nix!«, rief Karol. »Hauptsache Fahrzeug!« Mittlerweile knurrte ihm nämlich ganz schön der Magen und er freute sich auf ein Backhähnchen oder eine Portion Bratkartoffeln.

Der Traktor näherte sich ohne übertriebene Eile.

»Lass mich mal machen!« Loretta stellte sich mitten auf die Straße und setzte ihr harmlosestes Gesicht auf. Richtig freundlich sah sie damit aber immer noch nicht aus. Der Traktor hatte einen Anhänger, auf dem ein paar Strohballen aufgetürmt waren. Am Steuer saß ein Jungbauer mit Strohhut, der in dieser einsamen Gegend nicht oft fremde Leute traf. Er bremste scharf, woraufhin der Heuballenberg bedrohlich ins Schwanken geriet.

»Könnten Sie uns in den nächsten Ort mitnehmen?«, fragte Loretta gleich drauflos. »Uns ist das Benzin ausgegangen.«

Der Jungbauer sprach den ganzen Tag nur mit Kälbern und Schweinen, daher war er es nicht gewohnt, mit Fremden zu sprechen. »Jo«, sagte er nur und streckte eine

Hand aus, um Loretta neben sich auf die Seitenbank zu ziehen.

Als Karol ebenfalls darauf klettern wollte, guckte der Jungbauer streng und wies mit dem Daumen nach hinten über seine Schulter. Karol dachte kurz darüber nach, ob er den Kerl an seiner Faust riechen lassen sollte, bemerkte dann aber noch rechtzeitig, dass Loretta ihn drohend anblickte. Missmutig trollte er sich mit dem Benzinkanister ans Anhängerende und kletterte auf die Heuballen.

Er hasste es, rückwärts zu fahren. Da wurde ihm immer speiübel. Und dann auch noch auf einem schwankenden Heuballenberg! Jetzt war es gut, dass sein Magen vollkommen leer war.

Der sprechfaule Bauer setzte den Traktor wieder in Bewegung und schon tuckerten sie gemächlich die Landstraße entlang.

Loretta versuchte, ihn in ein Gespräch zu verwickeln: »Ist das ihrer?« Sie klopfte mit den Fingerknöcheln auf das Traktorblech.

»Klor!«, antwortete der Bauer und blickte stur auf die Straße.

»Ist es weit bis zur nächsten Tankstelle?«

»No.«

Womöglich beherrschte der Jungbauer nur kurze Worte mit O. Loretta gab es auf, lehnte sich zurück an die unbequeme Lehne und hielt die Nase in den leichten Fahrtwind.

Nach einer Weile, in der sie schweigend durch die öde Steppe gefahren waren und Karol auf dem Heuballenberg gegen die aufkommende Gegen-die-Fahrrichtung-Übelkeit gekämpft hatte, tauchten erste Häuser einer Siedlung auf.

»Ist hier die Tankstelle?«, fragte Loretta ungeduldig,

denn den Dingen ihren Lauf zu lassen war nicht ihre
Stärke.

»Jo«, antwortete der Bauer gewohnt knapp.

Tatsächlich hielt er kurz darauf vor etwas, was man
mit viel gutem Willen als Tankstelle bezeichnen konnte.
Es gab nur eine einzige Zapfsäule, die
aussah, als ob es sie schon zu
Zeiten der Gomphotherien gegeben hätte. Und das ist ein schon
vor langer Zeit ausgestorbener
Ur-Elefant. Die Zapfsäule war
früher sicher einmal rot gewesen,
jetzt hatte sie ein schmutziges
Braunrot und auf ihrer Anzeige
stand in verblasstem, abgesplit-
tertem Blau das Wort SUPE.
Dies bedeutete nicht etwa, dass es hier
Kartoffelsuppe gab, sondern, dass an der Säule vor langer,
langer Zeit einmal Super-Benzin gezapft werden konnte.

Loretta zog die Augenbrauen hoch und zeigte auf den
Kasten: »Kommt da überhaupt noch was raus?«

Da geschah eine Art Wunder. Der Bauer antwortete
mit einem richtig langen Satz: »Aber sicher, was denkst
du denn?« A, E, I und U konnte er also auch!

Das verblüffte Loretta dermaßen, dass sie auf der Stelle schwieg. Sie ließ sich vom Jungbauern beim Absteigen helfen und schenkte ihm das, was sie für ihr bezauberndstes Lächeln hielt. Andere hätten es vielleicht als Zähne blecken bezeichnet. Karol kletterte mit zitternden Beinen und reichlich grün im Gesicht von den Heuballen herunter.

Der Jungbauer tippte sich grüßend mit zwei Fingern an den Hut und tuckerte davon.

Während Karol bittere Galle in eine Kirschlorbeer-Hecke spuckte, glotzte Loretta träumerisch dem davontuckernden Bauern hinterher. Sicherlich war es sehr schön, Kühe zu melken und Schweine zu füttern, den ganzen Tag an der frischen Luft zu sein und abends erschöpft ins Bett zu fallen. Wenn man gern schwer schuftete. Aber das traf auf Loretta überhaupt nicht zu!

Auf einmal schlug sie sich gegen die Stirn, rannte los und schrie dem Bauern »Halt, SOFORT anhalten!« hinterher. Da der Traktor aber so laut tuckerte, hörte der Jungbauer nichts und fuhr schnurstracks weiter. Schon bald war er hinter der nächsten Biegung verschwunden.

Karol zog gereizt den Kopf aus der Hecke: »Was machst du denn für einen Lärm?«

»Wie sollen wir von diesem gottverlassenen Nest aus

wieder zu unserem Lieferwagen kommen?«, schimpfte Loretta. Sie stampfte wütend auf den Boden.

»Zimperliese«, ergänzte Karol den Buchstaben-Beleidigungs-Wettbewerb und spie noch einmal einen Schwall grüne Galle in den Kirschlorbeer.

Die Sprache der Tiere

Am späten Nachmittag hielt Fritzi es nicht mehr zu Hause aus. Sie hatte freiwillig Staub von den Zimmerpflanzen gewischt (sogar zwischen den Stacheln des Kugel-Kaktus), mit Niklas zwei Stunden »Krabbelmonster« gespielt und dreimal überprüft, ob sie genügend Luft in den Fahrradreifen hatte. Alles Dinge, vor denen sie sich normalerweise gern drückte.

Nun schwang sie sich auf ihr Ringelrad und düste zum Holzapfelhof. Der kühle Fahrtwind ließ sie erschauern und über ihre bloßen Beine huschte eine Gänsehaut. Abgeschnittene Jeans und Gummistiefel waren vielleicht doch nicht ganz geeignet zu dieser Jahreszeit.

Der Hof lag völlig ruhig in der Nachmittagssonne, nur Alfred, der silberne Kater, strich gelangweilt um eine

Hausecke herum,
als sie ihr Rad an den
Koppelzaun lehnte.

Mist! Sie hatte total
vergessen, ihm Fressen
zu geben! »Oder hat
Herr Kuchenbecker
dich gefüttert?«, fragte
sie Alfred, doch es
konnten ja nicht alle
Tiere sprechen.

»Mrrriau!«, ant-
wortete der Kater und
reckte seinen Schwanz
schnurgerade in die
Höhe. Da Fritzi jedoch

ein wenig »kätzisch« verstand, ging sie zum Geräte-
schuppen, wo Herr Kuchenbecker den Katzenfuttersack
und das Schälchen aufbewahrte.

Es war so blank geleckt, als ob es jemand mit einer
Scheuerbürste bearbeitet hätte. Alfred, der ihr hinterher-
getrippelt war, rieb seinen Kopf an ihrer Wade und gab
ihr so zu verstehen, dass sein Fressnapf sofort gefüllt
werden musste, weil er sonst auf der Stelle verhungerte.

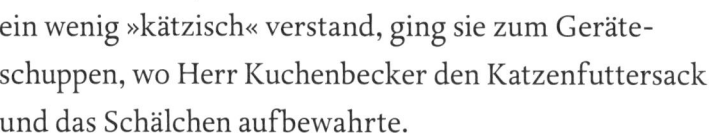

Fritzi lachte und schüttete so viel Futter aus dem Sack, dass der Napf bis obenhin voll war. Alfred stupste mit dem Kopf an ihre Hand, was so viel hieß wie »Wird aber auch Zeit«, und stürzte sich auf das Futter. So schwer war es ja nicht, die Sprache der Tiere zu verstehen! Selbst wenn sie nicht sprechen konnten.

Die Sprache der Tiere. Fritzi biss sich verzagt auf die Unterlippe. Auf einmal stiegen Zweifel in ihr hoch, die den Geschmack von sehr bitterem Lakritz hatten. Was war, wenn Meurtelle auch nicht sprechen konnte und sie sich alles nur eingebildet hatte? War Meurtelle überhaupt noch da oder verschwunden wie eine Fata Morgana in der Wüste?

Sie musste sofort nachsehen! Fritzi streichelte noch einmal kurz über Alfreds Fell, der sich nur widerwillig beim Fressen stören ließ, und eilte zum Stall hinüber. Als sie an Panagiotis Box vorbeiging, schien es ihr, als ob ihr Lieblingspferd missmutig zur Fohlenbox schielen würde. Vielleicht war es eifersüchtig, weil sie so wenig Zeit für es hatte? Sie tätschelte kurz seinen Hals und nahm sich vor, bald einen schönen Ausritt mit ihm zu machen. Alle anderen Pferde dösten friedlich in ihren Boxen. Bis auf eines. Schon von Weitem konnte Fritzi hören, dass ihre Ängste vollkommen unnötig gewesen waren. Meurtelle war noch da und reden konnte er ganz eindeutig auch.

»Helfön Sie mir tuttswitt! Sie sehön doch, dass isch misch in einör Notlage befinde!« Meurtelle hatte den Kopf zwischen den Gittern hindurchgesteckt und schimpfte laut vernehmbar.

Auf den ersten Blick war Fritzi nicht klar, was daran eine Notlage sein sollte. Aber als sie näher kam, begriff sie: Die Gitterstäbe standen gerade so weit auseinander, dass ein zierliches Fohlen bequem seinen Kopf hindurchstecken konnte. Meurtelle war aber weder zierlich noch ein Fohlen. So war es ihm zwar gelungen, seinen Kopf durch die Stäbe hindurch zu bekommen, er konnte ihn aber nicht mehr zurückziehen. Der pinkfarbene Federbusch-Rest war endgültig abgeknickt und hing traurig zur Seite. Außerdem war sein rechtes Bein waagrecht nach hinten gestreckt und klemmte mit dem Huf im gegenüberliegenden Gitter fest. Kurz gesagt: Meurtelle kam weder vor noch zurück.

Fritzi verkniff sich ein Lachen und bemerkte nebenbei, dass Meurtelles Mähne in sehr hübsche Affenschaukeln geflochten war. Sie vermutete aber, dass ein Kompliment bei ihm jetzt nicht gut ankommen würde.

Wenn man aber krampfhaft versucht, bloß nichts

Falsches zu sagen, rutscht einem etwas heraus, was noch viel falscher ist als das, was man gesagt hätte, wenn man gar nicht nachgedacht hätte.

Jedenfalls sagte Fritzi nun anstelle der Sache mit den Affenschaukeln: »Tolle Ballettfigur!« An Meurtelles Blick konnte sie sofort erkennen, dass das Kompliment vielleicht doch besser gewesen wäre. Er sagte aber nichts, sondern stieß nur ein empörtes Schnauben aus. Anscheinend war er schon etwas länger in dieser Notlage und durch die vielen Versuche, sich zu befreien, stark geschwächt. Fritzi beugte sich über die Fohlenbox und begutachtete das Ganze von oben. Der Huf klemmte an einer schmalen Stelle des Gitters fest. Sie nahm ihn vorsichtig in die Hand, führte Meurtelles Bein nach oben, wo die Stäbe weiter auseinanderstanden, und befreite ihn aus seiner Notlage.

»Formidaböl, dass isch so gelenkig bin!«, lobte Meurtelle sich selbst, statt Danke zu sagen, und schüttelte entnervt seinen Hinterhuf aus. »Jetzt abör tuttswitt komplett losmachön!«

Fritzi atmete einmal hörbar ein und wieder aus und nahm dann vorsichtig Meurtelles Kopf in die Hand. Sie versuchte, ihn sachte in Richtung Boxinneres zu ziehen, doch der Schädel bewegte sich keinen Zentimeter.

»Wie haben Sie denn den Schädel dadurch bekommen?« Sie sah Meurtelle kopfschüttelnd an.

»Isch habe gar nischt nachgedacht. Nur meine Dehnübungön gemacht.«

Fritzi dachte nach. »Dann ziehe ich jetzt noch einmal und Sie denken einfach wieder gar nichts.«

Sie packte Meurtelle am Hals, zog, und konnte an seinem Augenrollen sehen, dass er angestrengt versuchte, NICHTS zu denken.

Wer einmal versucht hat, NICHTS zu denken, weiß, dass man in dem Moment an alles denkt, nur nicht NICHTS. Meurtelle dachte an einen pinkfarbenen Elefanten, der mit einem blauen Kaugummi riesige Blasen machte und davonschwebte. Er dachte an saftige Wiesen mit drei Meter hohen roten Fliegenpilzen, unter denen eine Zwergenfamilie lebte, und dann dachte er noch ganz praktisch an die Pferdeleckerli, die Fritzi wahrscheinlich in ihrer Jackentasche bei sich trug. Ganz sicher aber dachte er nicht an NICHTS.

Fritzi bekam vor lauter Anstrengung eine Gesichtsfarbe, die an eine sehr reife Fleischtomate erinnerte. Doch Meurtelles Kopf bewegte sich keinen Millimeter.

»Schmierseife!«

»Was?« Fritzi ließ Meurtelles Kopf abrupt los und er knallte gegen das Gitter. Sie blickte erstaunt hoch und sah Miyukis lächelndes Gesicht. Sie konnte schleichen wie ein tasmanischer Tiger.

Fritzi musste zugeben, dass Miyuki wieder einmal perfekt aussah. Sie trug ein kirschrotes Kleid und hatte die Haare zu einem Pferdeschwanz gebunden, sodass man ihre Ohrringe (natürlich dazu passende Kirschen!) sehen konnte. Ihre Füße steckten in weißen Ballerinas, die tatsächlich noch vollkommen sauber waren. Ob diese Klamotten für den Stall allerdings das Richtige waren, war eine andere Frage.

Tatsächlich roch Miyuki auch noch nach Kirsch-Duschgel! Meurtelle fand das anscheinend nicht so lecker, denn er verzog angewidert das Gesicht, als sie seinen eingeklemmten Kopf fachmännisch von Nahem begutachtete. »Wenn meine Mutter vor dem Spülen ihren Ehering nicht abbekommt, versucht sie es mit Schmier-seife.«

»Aha, und wo bekommen wir die her?«

Miyuki sah sich suchend im Stall um. Ihr Blick blieb an einem alten Waschtrog am Ende des Gangs hängen. »Die machen wir selbst.« Sie drehte sich um und schritt mit wichtiger Miene zum Waschtrog, neben dem eine

grüne Gummischürze von Herrn Kuchenbecker hing. Die benutzte er, wenn er mal ein besonders dreckiges Pferd abspritzen musste. Das kam öfter vor, denn die meisten Pferde liebten es, sich im Schlamm zu wälzen. Miyuki legte sich die Schürze um (was ziemlich komisch aussah, da der Stoff auf dem Boden schleifte), griff nach der Kernseife und ließ warmes Wasser in einen Eimer laufen.

Meurtelle beobachte das, soweit es ihm mit eingeklemmtem Kopf überhaupt möglich war, äußerst misstrauisch: »Was hat sie vorö?« Er flüsterte, obwohl Miyuki ihn ja ohnehin nicht hören konnte.

»Sie macht ein Flutschmittel«, flüsterte Fritzi zurück und freute sich schon auf das Einseifen.

Miyuki knetete auf dem Rückweg die Seife kräftig durch, sodass sie sich schnell im Wasser auflöste. Aus dem Eimer stieg ein wenig Dampf auf, als sie ihn neben der Fohlenbox abstellte. »Verbindet sich super«, begeisterte sich Miyuki für ihre eigene Mischung.

Fritzi tauchte ihre Hand in den Sud und fuhr durch die glitschige Lauge. Ideal, um einen feststeckenden Ponykopf zu befreien!

Sie nickte Miyuki kurz mit Stallmädchen-Verschwörermiene zu, dann hoben sie gemeinsam den Eimer an und gossen Meurtelle eine Portion Schmierseife auf den Hals. Er quiekte auf wie ein Ferkel, dem gerade jemand in den Ringelschwanz gebissen hat. Fritzi hatte ja keine Ahnung, dass Meurtelle Wasser nicht ausstehen konnte. Er zappelte, rüttelte und quiekte weiter.

»Kipp noch etwas drauf«, verlangte Fritzi unbeeindruckt. Schließlich mussten sie seinen festgeklemmten Kopf befreien, da durfte man nicht so zimperlich sein. Miyuki goss eifrig immer wieder kleine Portionen auf Meurtelles Hals.

»Isch bin ein berühmtös Showpon…« Weiter kam Meurtelle nicht, da ein neuer Schwall Seifenlauge sein Gezeter stoppte.

»Jetzt sind Sie eben ein berühmtes Schaumpony«, gluckste Fritzi und goss noch einmal eine Portion nach.

Meurtelle bekam Seifenlauge in sein Maul und spuckte sie erbost aus: »Wenn Sie nischt sofort aufhörön, dann …, dann …, dann …!« Ja, was eigentlich? Ihm schien auf die Schnelle keine wirksame Drohung einzufallen. »Dann …«, wollte er noch einmal anheben, doch da stoppte ihn schon wieder ein Schwall Schmierseife.

Sobald er wieder Luft bekam, fing er an zu schimpfen. Ein Glück, dass nur Fritzi ihn hören konnte! Sein lautes Quieken schallte jedoch über den ganzen Hof.

Hinweis: Meurtelles Schimpftirade wurde zensiert, da sie für empfindsame Ohren keinesfalls zumutbar ist. Sie könnte zu heftigen Ohrenschmerzen und, im schlimmsten Fall, zu geplatzten Trommelfellen führen. Es kamen aber, so viel kann verraten werden, ganz bestimmt die Worte „tuttswitt!" und „Unverschämtheit!" darin vor.

»Hat er was gesagt?«, fragte Miyuki mit gespielter Besorgnis. »Ich kann ihn ja nicht verstehen.«

»Ich glaube, er hat um eine Seifenbürstenmassage gebeten«, kicherte Fritzi. Sie nahm einen Pferdestriegel und begann, Meurtelle tüchtig einzuschäumen. Das gefiel ihm schon viel besser! Er fing sogar an, kleine, zufriedene Grunzlaute von sich zu geben.

Nun stiegen winzige Luftblasen auf, erhoben sich zu glitzernden Seifenblasen, die an die Stalldecke emporstiegen und dort zerplatzten. Nach und nach erzeugte das Bürsten des seifigen Pferdekörpers eine mächtige Portion Schaum.

Fasziniert betrachteten Fritzi und Miyuki das wundersame Bild und vergaßen, dass sie eigentlich gerade ein Pony befreien wollten.

Miyuki verteilte den Rest Schmierseife auf Meurtelles ganzem Körper, (was ihn wieder zum Schimpfen brachte), und Fritzi schrubbte mit einem Eifer seinen Rücken, als ob es nichts Wichtigeres auf der Welt gäbe als gut eingeseiftes Ponyfell (dies gefiel ihm dann wieder sehr gut). Bald war er komplett unter einer wunderbar glitzernden, immer größer werdenden Schaumwolke verschwunden.

Fritzi und Miyuki traten ein wenig zurück, um sich ihr Werk aus der Entfernung anzusehen. Ein Sonnenstrahl fiel durch das Fenster auf die wabernde Skulptur. Tausend winzige Seifenblasen glitzerten in allen Regenbogenfarben und warfen bunte Lichter an die weißen Kalkwände. Es war magisch!

»Was seid ihr denn da am Einseifen?« Ein mächtiges Räuspern folgte, als ob ein Riese laut rülpsen würde.

Der Schreck krachte Fritzi und Miyuki in die Glieder wie ein Blitz in eine einsam stehende Silberpappel. Solch ein grauenhaftes

Räuspern brachte nur einer zustande. Und dieser Eine stand zweifellos hinter ihnen und blickte geradewegs auf das Schaumgebilde, unter dem sich ein Zwergpony befand, das unter allen Umständen verborgen bleiben musste.

Glücksschwein Meurtelle

Miro, der Stallbursche, stand mit verschränkten Armen da und wartete argwöhnisch auf eine Antwort.

»Ein Schwein!«, tönte es von der Tür, und Miyuki und Fritzi, die eben noch vor Schreck wie erstarrt gewesen waren, fuhren herum. Stella stand in der Stalltür und grinste.

»Ein Schwein?«, wiederholte Miro fragend und sah auf die zappelnde Riesen-Schaumwolke.

»Ja, genau«, fand Fritzi als Erste die Sprache wieder, »ein Schwein, natürlich!« Das war mindestens eine Flunker-Lüge, wenn nicht sogar eine echte und somit erlaubte Not-Lüge. Denn Meurtelle würde wirklich in Not geraten, wenn Miro ihn jetzt entdeckte!

Miro zog missbilligend eine Augenbraue hoch. Seine

105

Brauen waren sehr dicht und buschig, daher wirkte es recht bedrohlich, wenn er sie auf und ab bewegte: »Und das seift ihr ein, ja? CHrkrrkchtpkrrrchch!« So klang Miros Katarrh, eine Art Husten, wenn es gerade ganz besonders schlimm um ihn stand. Er behauptete, dass dieser Katarrh von zu vielen Hustenbonbons kam, aber das war natürlich Quatsch.

»Jawohl, das tun wir, Hrkrchtpkrch!«, ahmte Fritzi ihn nach, biss sich aber sofort auf die Lippen. Es war nicht besonders schlau, ihn ausgerechnet jetzt zu verspotten!

»Ünverschämtheit, Schwein!«, kreischte Meurtelle unter seiner seifigen Hülle. »Isch bin ein berühmtös Showpony aus dem Moulin Rouge in Paris!« Doch das konnte ja zum Glück nur Fritzi hören.

»Was wollt ihr denn mit einem Schwein?«, fragte Miro nun angewidert, denn er mochte diese stinkenden Borstenviecher überhaupt nicht.

Er konnte ja nicht wissen, dass genau das der Plan war, den Stella zu Hause ausgebrütet hatte. Miro hasste Schweine, also würde er niemals die Fohlenbox betreten, wenn er wusste, dass dort ein solches Vieh stand.

»Ähm, so ein süßes … Schwein … so ganz allein …«, reimte Miyuki sinnlos, da ihr auf Miros Frage so schnell keine überzeugende Antwort einfiel.

»Für Herrn Kuchenbecker zum Geburtstag soll es sein, ein Trost- und Glücksschwein!«, kam Fritzi ihr zu Hilfe.

»Klar! Wegen seinem Gipsbein«, dichtete nun auch Stella, die mit raschen Schritten näher kam, um das Schlimmste zu verhindern. Auf dem Rücken trug sie einen Rucksack, der ziemlich vollgestopft war.

Doch Miro war für Gedichte wenig empfänglich. »Der hat doch erst im Dezember!« Er zog jetzt auch die zweite buschige Augenbraue hoch, was »Höchste Alarmstufe« bedeutete und ihm das Aussehen eines Berggorilla-Männchens verlieh.

»Ein Kauf in Not … äh … im Angebot!«, reimte Stella weiter und stellte sich zwischen Miro und das Schaum-gebilde, da Meurtelle gerade aus Versehen einen Ponyhuf freigestrampelt hatte.

»80 Kilo Glücksschwein. Das Kilo 50 Centlein, was?«, knurrte Miro böse. »Ihr wollt mich wohl für blöd ver-kaufen mit eurer Reimerei?«

»Freschheit! 80 Kilo, isch Fliegöngewischt habe keine 40 Kilo!« Nicht einmal Fritzi beachtete den schimpfen-den Meurtelle, da sie fieberhaft darüber nachdachte, wie sie aus dem Schlamassel wieder herauskommen konnten.

»Was machst du überhaupt hier, am Wochenende?«

Manchmal war ein Gegenangriff ganz ohne Reim doch die beste Verteidigung.

Miros Augenbrauen wanderten augenblicklich nach unten und er sah auf einmal wieder aus wie ein harmloser Zwergpinscher. Fritzi konnte ihm ansehen, dass er über etwas nachgrübelte, was ihm sehr unangenehm war.

Tatsächlich dachte Miro, dass die Mädchen auf keinen Fall wissen durften, warum er am Wochenende manchmal in den Stall schlich: Zum Monatsende, wenn sein Lohn knapp wurde und er glaubte, dass keiner da war, »lieh« er sich ein paar Säcke Futter aus und verhökerte diese billig an einen Bauern. Davon gönnte er sich samstags ein gutes Abendessen in einem Gasthaus. Natürlich hatte er bisher keinen einzigen Futtersack zurückgegeben, denn sein Geld war immer knapp. Aber das konnten diese, zugegeben recht gerissenen Mädchen, ja nicht ahnen. Oder etwa doch?

Miro musterte Fritzis Gesicht, das ihn grimmig zurückmusterte. So sahen Menschen aus, die mehr wussten, als einem lieb war. »Ich … äh … wollte nur mal nach dem Rechten sehen. Schließlich ist Herr Kuchenbecker krank!«

Fritzi konnte nicht wissen, dass dies eine regelrechte Fiesheits-Lüge war, denn tatsächlich war es Miro am Wochenende schnurzpiepegal, wie es auf dem Hof zuging. Aber ein Gefühl sagte ihr, dass etwas damit nicht stimmen konnte.

»Schon klar«, antwortete sie.

»Das hast du dann ja jetzt, nach dem Rechten gesehen«, sagte Stella, lächelte zuckersüß und ging einen Schritt auf Miro zu.

Miro wich zurück und stammelte: »Sicher, alles bestens.«

»Dann kannst du jetzt ja beruhigt wieder fahren«, zwitscherte Stella und machte noch einmal einen großen Schritt.

»Ganz beruhigt«, bestätigte Miro, wich erneut zurück und schielte im Vorbeigehen auf die Kammer mit den Futtersäcken.

»Und du verrätst Herrn Kuchenbecker nix«, schlug Stella nun einen etwas drohenderen Ton an und machte noch einmal einen riesengroßen Ausfallschritt.

»Ab-b-ber nein«, stotterte Miro, »das Glücksschwein bleibt unser G-g-geheimnis.« Er versuchte, Stella verschwörerisch zuzuzuwinkern, was aber eher aussah, als ob er eine Fliege im Auge hätte.

Stella begleitete Miro zur Stalltür, blieb dort stehen, bis er in sein klappriges, tiefergelegtes Auto geflüchtet war und winkte ihm dann großspurig nach.

»Das war jetzt aber gemein«, sagte Miyuki, die manchmal einfach zu gut erzogen war.

»Gemein, aber G-g-glücksschwein«, reimte Fritzi noch einmal und dann prustete sie los. Und die Mitglieder der geheimen Stallmädchenbande lachten und glucksten, bis ihnen die Bäuche wehtaten.

»Warum war der jetzt auf einmal so eingeschüchtert und ist so schnell wieder verschwunden?«, wunderte sich Miyuki, während sie sich den Bauch rieb.

»Keine Ahnung«, sagte Stella, »aber es dauert bestimmt nicht lange, bis er wieder zurückkommt.«

Sie setzte ihren Rucksack, den sie die ganze Zeit auf dem Rücken getragen hatte, auf den Boden und öffnete den Reißverschluss. »Deshalb habe ich vorgesorgt.« Sie zog und zerrte an einem Stück Stoff, das sie zuvor mühsam in den Rucksack hineingestopft hatte. Zum Vorschein kam schließlich ein glänzendes rosa Kostüm mit einem blöde dreinblickenden Schweinskopf.

»Was ist das denn?«, riefen Fritzi und Miyuki im Chor.

»Früher war es ein Karnevalskostüm«, antwortete Stella, »jetzt ist es die beste Pony-Tarnung der Welt!«

Die Mädchen blickten zu Meurtelle, dessen Kopf zwischen den Gitterstäben wieder zu erkennen war, da der Schaum sich langsam auflöste. Die Seifenlauge lief an ihm herunter und stand schon in kleinen Pfützen um seine Hufe herum.

Auf einmal begriff Meurtelle: »Auf gar keinön Fall! Isch werde nischt in diesös läscherliche Kostüm steigön! Isch bin ein berühmtös Showpony, isch hatte die bestön Kostümbildnör der Welt!« Meurtelle warf empört den Kopf zurück.

Und da machte es »PLOPP«. Sein Kopf flutschte durch die Gitter wie ein Messer durch lauwarme Butter. Verdutzt hielt Meurtelle inne und vergaß, warum er gerade so wütend gewesen war. Endlich frei!

»Seht ihr, Schmierseife«, sagte Miyuki. Und dann musste die Stallmädchenbande schon wieder so sehr lachen, dass ihnen ihre armen Bäuche gleich noch viel mehr wehtaten.

*S*chlachtplatte
mit *G*emüse

Karol hatte aus der uralten Zapfsäule des kleinen Dorfes bloß mickrige fünf Liter Flüssigkeit herausbekommen, die nur entfernt an Benzin erinnerten.

Nun merkten Karol und Loretta, dass sie sehr müde und sehr hungrig waren.

Wenn Loretta hungrig war, konnte sie noch garstiger werden, als sie es ohnehin schon war. Wenn sie dazu aber auch noch müde wurde, war es besser, vor ihrem Wortgeknatter in Deckung zu gehen. Und dort zu bleiben, bis sie zumindest etwas zu essen bekommen hatte.

Seltsamerweise trottete sie nun gedankenverloren auf der Dorfstraße neben Karol her und sagte kein Wort. Das verunsicherte den aber noch mehr, da er nicht wusste, wie er diese neue Lage einschätzen sollte. Er konnte ja nicht wissen, dass Loretta gerade das durchmachte, was sie ihre »Krise« nannte. Das bedeutete, dass sie an allem und jedem zweifelte. Zwar ereilte sie diese Krise meist nur einmal im Jahr, doch zum Glück war Karol bisher nie dabei gewesen.

»Was habe ich im Leben schon erreicht«, dachte Loretta und tat sich entsetzlich leid, »ich arbeite als Messerwerferin in einem drittklassigen Zirkus und werde langsam alt.« Das war übertrieben, denn Loretta war gerade mal 27 Jahre alt. Aber in diesem Augenblick kam es ihr vor, als ob sie mindestens so alt wäre wie die knorrige Eiche, auf die sie gerade zusteuerten. Und die war bestimmt schon 300 Jahre alt! Sie stand mitten im Ortskern und war die einzige Sehenswürdigkeit des Dorfes. Ansonsten schien es hier absolut nichts zu geben. »Dabei wollte ich reich und berühmt werden«, schimpfte Loretta innerlich weiter, »und jetzt bin ich hier mit diesem Trottel unterwegs.«

Karol ließ sich auf eine Bank plumpsen, die unter der Eiche stand, und streckte die Beine von sich. Der Tag war ganz schön lang gewesen. »So ein halb voller Benzinkanister hat aber ein Gewicht, alter Klabautermann!«, klagte er und rieb sich den Arm.

Loretta blickte mit ihren kalten Meerkatzenaugen

verächtlich auf Karol hinunter und steigerte sich weiter in ihren Frust hinein: »Und wenn er den Riegel umgelegt hätte, dann wäre das Vieh nicht verschwunden und wir wären vielleicht schon längst mit ihm beim Fernsehen und müssten nicht in diesem blöden Kaff rumsitzen …«

»Da!«, rief Karol auf einmal und streckte wie ferngesteuert den Arm aus.

Loretta drehte sich blitzartig um, in der Hoffnung, dass dieses »DA« sie aus ihrer miesen Lage befreien würde. Und tatsächlich! Gegenüber der Eiche lag ein Gasthaus mit zwei hell erleuchteten Fenstern und einer kleinen Treppe. Karols Finger zeigte auf ein Schild, das davor aufgestellt war. Darauf stand in großen, krakeligen Kreidebuchstaben:

HEUTE SCHLACHTPLATTE!

Loretta drehte sich auf ihren Schlangenlederimitat-Stiefeln um (sie drückten immer noch fürchterlich) und stürmte wild entschlossen auf die Gasthaustür zu. Noch ehe sie die Treppe erreicht hatte, war Karol von der Bank aufgesprungen und hechtete hinter ihr her. Gleichzeitig schnappten sie nach der Türklinke und enterten den Gastraum.

Drei Männer saßen dumpf brütend am Stammtisch und klammerten sich an ihre Biergläser. Es roch nach abgestandenem Pommes-Fett und kaltem Rauch. Die Wirtin polierte hinter dem Tresen das Besteck und blickte erstaunt hoch. Fremde verirrten sich selten an diesen Ort. Schon gar nicht solch finstere Fremde. Und schon gar nicht finstere Fremde, die von oben bis unten mit eingetrockneter Kürbis-Pampe beschmiert waren.

Loretta und Karol sahen sich kurz um, nickten grüßend und setzten sich an einen Tisch, der nahe am Fenster war. Kaum berührten ihre Hintern die Sitzflächen der einfachen Holzstühle, stand auch schon die Wirtin am Tisch. Sie war so groß und so breit, dass es verwunderlich war, wie schnell sie sich dorthin bewegt hatte. »Sie wünschen?«

»Haben Sie Hähnchen mit Pommes?«, schoss es aus Karol heraus. Hähnchen mit Pommes frites waren seine absolute Leibspeise.

Die Wirtin schüttelte den mächtigen Kopf und zeigte auf die Tafel über der Theke, auf der noch einmal HEUTE SCHLACHTPLATTE geschrieben stand.

Karol zuckte mit den Schultern, was die Wirtin als Zustimmung wertete, denn sie machte einen Strich auf ihrem Blöckchen.

»Zweimal?« Sie blickte zu Loretta. Diese ekelte sich aber vor jeder Art von Wurst und Fleisch.

»Ein Risotto con verdure ai funghi porcini«, bestellte sie ihr italienisches Lieblingsgericht.

Genauso gut hätte sie auf dem Mond Brauselimonade mit Waldmeistergeschmack bestellen können. Die Wirtin schüttelte kaum sichtbar den Kopf, schwieg und wartete. Loretta überlegte und sah sich in der Gaststube um. Die Einrichtung war sehr alt und einfach. Stühle, Tische, Theke. Genauso einfach waren wohl die Gerichte, die es hier gab.

Sie versuchte es mit der Übersetzung: »Haben Sie Gemüse-Risotto mit Steinpilzen?«

Die Wirtin kratzte sich am Kopf.

»Gemüse-Risotto?«

Die Wirtin schloss nur kurz die Augen, scharrte mit dem Fuß auf dem Boden und schien nun doch ein bisschen die Geduld zu verlieren.

Loretta beschloss, es noch einfacher zu machen: »Gemüse-Reis?«

Die Wirtin blies die Backen auf und ließ die Luft langsam wieder entweichen.

»Reis mit Gemüse …?«

Die Wirtin öffnete den Mund, sagte aber nichts. Immerhin bewegte sie sich ein wenig.

»Reis mit Gemüse?«, fragte Loretta daher noch einmal.

Da geschah etwas Erstaunliches: »Gemüse«, sagte die Wirtin, nickte und machte wieder einen Strich auf ihrem Block.

»Aber ohne Erbsen. Die mag ich nicht.« Zufrieden lehnte Loretta sich zurück und sah Karol triumphierend an.

»Bier dazu?«, wollte die Wirtin nun von ganz alleine wissen.

Diesmal nickte Karol nur und die Wirtin machte noch einmal einen Strich. Loretta war durch ihren Erfolg mutig geworden und bestellte einen japanischen, grünen Tee, den die Wirtin erstaunlicherweise sofort mit einem weiteren Strich auf dem Blöckchen bestätigte. Dann verschwand sie bemerkenswert flink hinter der Theke und gab die Bestellung an die Küche weiter.

Die Aussicht auf ein warmes Essen entspannte Karol und Loretta und ließ sie milde werden. Loretta lehnte sich zurück und streifte sich unter dem Tisch die Schlangenleder-Stiefel von den Füßen.

»Vielleicht wird es ja doch noch was mit dem Fernsehen«, sagte sie und sah mit etwas Ähnlichem wie einem Lächeln zu Karol hinüber.

»Wir finden ihn bestimmt wieder und dann machen wir richtig Kohle!«

»So ein Pony kann ja nicht einfach verschwinden.«

»Auch wenn es ein kleines Zwergpony ist.«

Karol lachte und nahm einen großen Schluck aus dem Bierkrug, den die Wirtin gerade vor ihn hingestellt hatte. Lorettas japanischer, grüner Tee entpuppte sich als Pfefferminztee. Aber der war ja auch grün, wenn man es rein farblich betrachtete. Warum sollte man kleinlich sein, jetzt, wo man gerade vor dem großen Durchbruch stand.

Loretta lachte zum ersten Mal seit Langem fröhlich auf, als die dicke Wirtin zwei Teller und eine riesige, dampfende Platte vor ihnen auf den Tisch stellte. Darauf waren eine große Portion Kartoffelpüree, Sauerkraut, Blut- und Leberwurst, gekochtes Fleisch und zwei Bratwürste mit Zwiebeln angerichtet. Die Wurst sah fettig und grob aus und das Fleisch war bestimmt voller ekliger Knorpel und Sehnen!

Die Wirtin wollte schon wieder abdrehen, als Loretta sie am Ärmel fasste. »Und wo ist das Gemüserisotto?«

Die Wirtin wies schweigend auf die Platte und blickte verständnislos.

»Das ist widerliches Fleisch!«, erklärte Loretta schon wieder leicht genervt.

»Da ist doch Gemüse!«, sagte die Wirtin, zeigte auf

Sauerkraut und Kartoffeln, zuckte mit der Schulter und machte sich davon.

Während Karol begeistert Blut- und Leberwurst und eine Portion Kochfleisch auf seinen Teller lud, stocherte Loretta angewidert in dem Sauerkraut und dem Kartoffelpüree herum und versuchte, Stellen zu finden, die nicht von dem Fleisch berührt worden waren. Auf ihrem Teller landete schließlich eine Portion Sauerkraut, die noch nicht einmal einen Spatz satt gemacht hätte, und zwei Zwiebelringe. Natürlich sackte Lorettas Laune damit wieder ganz weit nach unten.

»Wenn du den Riegel vorgeschoben hättest, müssten wir jetzt gar nicht hier sitzen«, maulte sie und wärmte damit ihren beliebtesten Vorwurf noch einmal auf. Dann steckte sie sich angewidert einen Zwiebelring in den Mund.

Karol verrührte zufrieden sein Kartoffelpüree mit einer ausgepressten Blutwurst zu einer rosa Paste und

seufzte. Gerade wollte er sagen, dass er den Riegel wie jeden Abend vorgeschoben »HATTE«, da ging die Tür des Gasthauses auf. Er blickte hoch und sah einen mürrisch dreinblickenden Mann die Stube betreten, dessen auffallend buschige Augenbrauen ihn stark an einen Berggorilla erinnerten.

Geplatzte Tarnung!

Meurtelle guckte seit einer halben Stunde eingeschnappt an die Wand und streckte der Stallmädchenbande sein Hinterteil entgegen. Ein glänzendes, rosa Schweine-Hinterteil, genauer gesagt.

Natürlich hatte er einen Riesenaufstand gemacht, als er sich in das Karnevalskostüm zwängen sollte.

»Isch muss erstickön, wenn isch das anziehe!«, hatte er gerufen, lautstark nach Luft gerungen und noch einmal wiederholt: »Erstickööön!«

»Wenn Sie es nicht anziehen, müssen Sie dafür vom Hof runter«, hatte Fritzi gedroht.

»Liebör sterbe isch, als in so ein peinlischös Kostüm zu steigön!« Meurtelle hatte den Blick abgewandt und war in sich zusammengesunken wie ein Häufchen Elend.

»Was sagt er?« Miyuki war gleich etwas besorgt gewesen, weil Meurtelle so entsetzlich gekeucht hatte.

»Dass er lieber stirbt, als im Schweinekostüm herumzustehen.«

»Seine Entscheidung.« Stella hatte kurz entschlossen den Verschlag geöffnet und mit der Hand den Gang entlanggezeigt, »Bitte schön.«

Meurtelle hatte noch eine Weile an die Stallwand gestarrt und wohl darüber nachgedacht, wie es wäre, wieder da draußen auf der Flucht zu sein. Dann hatte er den Mädchen widerwillig einen Hinterhuf hingestreckt. »Abör nur für eine Nacht. Und tuttswitt, isch habe ja nischt ewig Zeit!«

Natürlich war das Kostüm viel zu eng, und so hatte Meurtelle die Luft anhalten müssen, damit sie unter viel Ziehen und Zerren den Reißverschluss unter dem Bauch schließen konnten.

Der Schweinekopf saß oben auf seinem Schädel und mit viel gutem Willen sah Meurtelle aus der Entfernung tatsächlich aus wie ein Schwein. Aber Fritzi musste zugeben, dass die Verkleidung vollkommen lächerlich war.

»Wir lassen ihn jetzt erst mal in Ruhe«, flüsterte sie Stella und Miyuki zu und gab ihnen mit einem Wink zu

verstehen, dass sie mitkommen sollten. Schließlich war es längst Zeit, die Pferde zu füttern.

»Tut mir leid«, Stella hob bedauernd die Schultern, »meine Eltern haben heute Insektologen-Versammlung. Es geht um die Australische Gespenstschrecke. Da muss ich helfen!«

Fritzi wusste, dass »helfen« in diesem Fall bedeutete, die frisch auf ein Brett gepinnten Insekten den anderen Forschern vorzuführen. Sie wollte gar nicht wissen, wie die Australische Gespenstschrecke aussah. Bestimmt hatte sie furchtbar lange Beine und pelzige Fühler. Angewidert sah sie zu Miyuki: »Hast du denn noch Zeit?«

»Vielleicht«, sagte Miyuki, lächelte verlegen und band die Schürze los, die sie die ganze Zeit getragen hatte. Miyuki beherrschte wie keine andere die Kunst der Höflichkeits-Lüge, denn in Wirklichkeit hieß das, dass Fritzi die Pferde alleine füttern musste.

Fritzi seufzte: »Tolle Freundinnen habe ich!« Sie stapfte zum Futtersack und rührte wütend mit der Schaufel darin herum, während Stella und Miyuki mit den Füßen im Stallbodendreck scharrten. Fritzi schielte zu ihnen hinüber und dachte nach. Wenn sie ehrlich war, war sie nun einmal dieses Wochenende mit dem Stall-dienst dran. Und Stella und Miyuki waren trotzdem schon zweimal hier gewesen. Sie blickte auf, sah ihre Stallfreundinnen an und nickte versöhnlich.

Die beiden grinsten und machten sich sichtlich erleichtert davon.

Fritzi begann, die Futtertröge mit Hafer aufzufüllen. Während die Pferde genüsslich kauten, prüfte sie, ob man Meurtelle aus einer der Boxen sehen konnte. Bis zu Navarros Box sah man gar nichts, erst von Henrys Box aus konnte man ein kleines Fetzchen Rosa erkennen. Aus der Entfernung sah es sehr überzeugend nach einem Schwein aus.

Zufrieden arbeitete Fritzi Box um Box ab, bis sie schließlich ganz hinten bei der Fohlenbox angelangt war. Meurtelle drehte ihr noch immer beleidigt den Hintern zu.

Fritzi klopfte an die Stallwand: »Hallo, jemand zu Hause?«

»Hatschi«, machte Meurtelle. Der Staub auf dem Kostüm kitzelte ihm wohl in den Nüstern.

»Darf es ein Pferdeleckerli sein, Mössjöh?« Mössjöh – so hatten die Leute in der Pension in Südfrankreich immer die männlichen Gäste angesprochen.

Es wirkte. Langsam drehte Meurtelle den Kopf und schielte zu ihr hinüber: »Isch war einmal ein sehr berühmtös Showpony«, Fritzi nickte geduldig, »und jetzt bin isch … ein, ein … Schnitzöl!« Meurtelle stöhnte auf, drehte sich gequält um und sah sie mit großen Augen unter dem Schweinekopf hervor an.

Fritzi überlegte. »Aber … das ist doch nur eine Rolle, wie … wie in einem Zirkus.«

Bei dem Wort »Zirkus« zuckte Meurtelle kaum merklich zusammen, schien sich dann aber daran zu erinnern, was Fritzi zuvor gesagt hatte. »Sie meinen, nur ein echtör Künstlör wie isch kann so eine Rolle wirklisch ausfüllön?«

Das fand Fritzi nun wieder übertrieben, aber sie nickte großzügig.

Meurtelle stieß einen erleichterten Seufzer aus und – »PENG«, der Reißverschluss platzte auf. Die ganze Zeit hatte Meurtelle die Luft angehalten, um in das enge Kostüm zu passen.

»Jetzt geht es mir bessör!«, stellte er fest und grinste erleichtert.

Fritzi lachte und verfütterte ihren ganzen Rest Pferdeleckerlis an ihn. Dann kratzte sie Meurtelle noch ein wenig den Rücken, denn unter dem Schweinekostüm »jückt es furschtbar«, und dachte dabei an die letzten Stunden.

Sie hatte dieses seltsame Zwergpony schon richtig lieb gewonnen und konnte sich den Pferdehof gar nicht mehr ohne es vorstellen. Es war alles so lustig, seit es da war! Sie tätschelte ihm noch einmal kurz den Rücken und versprach, am nächsten Morgen ganz früh wiederzukommen. Dann verließ sie den Stall.

Von Herrn Kuchenbecker war nichts zu sehen. Fritzi schlich leise zu ihrem Fahrrad, damit er sie nicht hörte und herauskam. Aufregung hatte sie für heute genug gehabt!

Als sie nach Hause radelte, senkte sich bereits der Abend herab, und die feuchte Herbstkühle stieg aus den Feldern empor. Fritzi bereute, dass sie am Nachmittag die kurze Hose angezogen hatte, und trat umso fester in die Pedale.

»Zu Hause lege ich mich in die Badewanne und taue meine Beine auf«, dachte sie schlotternd.

Im windschiefen Häuschen der Freitags brannte kein Licht. Vermutlich war Nina-Mama beim Vorspielen und hatte Niklas mitgenommen. Auf ihrem zitronengelben Roller wahrscheinlich. »Hoffentlich haben sie wenigstens einen Helm auf«, dachte Fritzi. Auf einmal merkte sie, dass dies ein typischer Erwachsenen-Satz war. Sie war eben viel zu vernünftig für so eine Mutter. Aber dann fiel

ihr ein, dass ein sprechendes Pony zu verbergen und es in ein rosa Schweinekostüm zu stecken auch nicht gerade vernünftig war, und sie lächelte froh.

Auf dem Küchentisch lag ein Zettel: »Essen im Kühlschrank!« Das war alles. Kein »Liebe Federica (so hieß Fritzi eigentlich, nach ihrer italienischen Urgroßmutter)«, kein »Wir sind beim Vorspielen«, kein »Knutsch, Nina-Mama«. Sie fühlte sich ausgeschlossen und nahm frustriert das letzte Stück Pizza aus dem Kühlschrank.

Als sie am Küchentisch saß und die kalte Pizza kaute, merkte sie, wie kaputt sie war. Ganz schön anstrengend,

so ein doppelter Stalldienst! Am besten war es, das
Baden sein zu lassen und dafür früh ins Bett zu gehen.
Sie gähnte und blätterte lustlos durch die Zeitung, die
auf dem Küchentisch lag. Ihr Blick huschte müde über
einen Artikel auf der Titelseite. »ZIRKUSPONY
ENTLAUFEN«, stand da fett in der Überschrift. Und
darunter: »Kleiner Wanderzirkus aus Sachsen-Anhalt
vermisst seine Hauptattraktion«.

Was eine »Hauptattraktion« war, wusste Fritzi nicht.
Doch das Foto daneben nahm ihr den Atem und machte
sie auf einen Schlag hellwach. Denn auf diesem entdeckte
sie ein schwarz-weißes, etwas dickliches Zwergpony,
das ziemlich hochnäsig in die Kamera blickte.

Windige Gestalten

Von allen komischen Gestalten, die Loretta und Karol in diesem öden, rauen Landstrich begegnet waren, entpuppte sich der Mann mit den buschigen Augenbrauen mit Abstand als die seltsamste.

Zunächst war etwas Eigenartiges passiert, als er die Gaststube betrat: Die Gastwirtin hatte sofort ein grimmiges Gesicht aufgesetzt und ihre Arme fest vor der Brust verschränkt. Und selbst die Stammtischsitzer, die bisher keine Regung gezeigt hatten, außer hin und wieder ihr Bierglas zum Mund zu führen, hatten sofort den Kopf zur Gaststubenwand gedreht. Und darauf gestiert, als ob es nichts Interessanteres geben würde als eben diese Wand.

Natürlich hatte »Buschbraue«, wie Karol ihn innerlich

getauft hatte, das sofort bemerkt und sich daher schleunigst an Loretta und Karol gewandt: »Sitzt hier jemand? CHrkrrkchtpkrrrchch!«

Dann hatte er, ohne eine Antwort abzuwarten, den freien Stuhl zu sich gezogen. Karol wollte noch sagen, dass sie lieber allein sein wollten, da hatte Buschbraue sich schon daraufgesetzt und seine langen Schlaks-Beine unter ihrem Tisch verstaut.

Loretta lehnte sich auf ihrem Stuhl zurück, um etwas mehr Abstand zu diesem Kerl zu bekommen. Man traf in einem Zirkus ja allerhand windige Gesellen. Aber von diesem hier ging etwas Klebriges aus, wie von dem Kaugummi, in den sie einmal mit den Zehn-Zentimeter-Absätzen ihrer Stilettos hineingetreten war. Den wurde man nie wieder los!

Nun schielte der unverschämte Kerl auch schon auf ihre Schlachtplatte, und man konnte sehen, wie ihm das Wasser im Mund zusammenlief.

»Hunger?«, fragte Karol sogleich, da seine Oma ihm beigebracht hatte, dass man Fremde immer einladen sollte. Das sah Loretta natürlich ganz anders!

Buschbraue nickte jedoch erfreut, und Karol machte der Wirtin ein Zeichen, noch einen weiteren Teller zu bringen. Diese seufzte, löste ihren Körper träge von der

Theke und brachte das Gewünschte lustlos zum Tisch. Als sie sich sofort wieder abwenden wollte, bestellte der neue Gast schnell noch ein Bier, was sie mit einem Achselzucken erwiderte.

Keine zwei Minuten später stand stattdessen ein großer Krug Leitungswasser auf dem Tisch. Das machte die Wirtin natürlich absichtlich, um den unbeliebten Gast möglichst schnell wieder loszuwerden. Buschbraue verschwendete jedoch keine Zeit mit Beschwerden und lud sich stattdessen einen riesigen Berg Sauerkraut und Kartoffelpüree sowie eine Blut-, eine Leberwurst und zwei Bratwürstchen auf den Teller. Was einmal verspeist war, konnte einem schließlich keiner mehr wegnehmen.

Loretta und Karol beobachteten mit Abscheu (Loretta) und einer gewissen Bewunderung (Karol), wie das Essen in Sekundenschnelle im Schlund des Fremden verschwand.

»Miro«, sagte Buschbraue nun und hielt ihnen seine Hand entgegen. Als keiner der beiden sie ergriff, streckte er seine Jeansbeine von sich und pulte sich mit dem Zeigefinger zwischen den Zähnen herum.

»Was machen zwei wir ihr hier so?«, versuchte er, die feindselige Stimmung etwas aufzulockern.

»Warum, ist irgendwas nicht in Ordnung mit uns?«, gab Loretta gereizt zurück.

»Dochdochdoch«, versicherte Miro schnell, um sein Abendessen zu retten, »ihr seht nur so, so … interessant aus. Als ob ihr aus einer großen Stadt kommt.«

Damit hatte er unbewusst genau das Richtige gesagt, denn es war Loretta sehr wichtig, auf keinen Fall wie ein Landei zu wirken. Ein Landei ist jemand, der auf dem Dorf aufgewachsen ist und keine Ahnung vom Leben in der Stadt hat. Also genau das, was Loretta eigentlich war, aber eben nicht sein wollte. Ihr Gesicht hellte sich augenblicklich auf und sie sah wohlwollend zu Karol.

»Ihr kommt bestimmt aus Paris«, legte Miro noch einmal nach, dem nicht entgangen war, wie gut seine Worte ankamen, »wenn nicht sogar aus New York!« Für ein warmes Abendessen war ein bisschen Schmeichelei nicht zu viel verlangt. Und diesen beiden war es wohl sehr wichtig, etwas ganz Besonderes zu sein.

»Wir sind sogar fast beim Fernsehen«, setzte Karol nach. Gleich darauf bereute er seine Worte, denn Loretta bohrte ihm unter dem Tisch einen ihrer scharfen Zehennägel in die Wade.

Aber Miro interessierte das natürlich, denn Fernsehen

bedeutete Geld, und Geld konnte er immer gebrauchen:
»So berühmte Leute seid ihr?«

Und bald erzählten Loretta und Karol bereitwillig von
ihrem Zirkuspony, das so wunderbare Kunststückchen
beherrschte, dass das Fernsehen es für einen Werbefilm
haben wollte.

»Außerdem kann er im Kopf Zahlen von eins bis
hundert ausrechnen«, schwärmte Karol fast ein bisschen.

»Und er glaubt, er könnte ganz toll tanzen, aber
dafür ist er einfach zu dick«, ergänzte Loretta und grinste böse. »Die Leute haben sich totgelacht bei der Vorstel-
lung.«

Das war zwar eine Fiesheit, aber eine Fiesheits-Lüge
war es nicht direkt. Denn es stimmte ja, dass Meurtelle
nicht sehr gelenkig war. Komisch, dass manchmal ausgerechnet die fieseste Fiesheit etwas ganz Ehrliches sein
kann!

»Aber er findet jeden Gegenstand, den man zuvor
unter den Zuschauern versteckt hat«, legte Karol nach,
dem Lorettas Lästern ein wenig zu weit ging. Schließlich
hatte er selbst dem Pony das meiste beigebracht. (Das sah
Meurtelle natürlich ganz anders.)

»Leider ist er etwas faul und man muss ihm ein bisschen Nachhilfe geben.« Loretta machte die Bewegung,

mit der man eine Peitsche auf den Boden knallen lässt, und grinste noch böser. (Was Loretta und Karol jedoch nicht wussten, war, dass Meurtelle auch problemlos einen Stallriegel öffnen konnte, um einfach zu verschwinden, wenn er schlecht behandelt wurde.)

»Er war der Star jeder Zirkusvorführung«, schloss Karol begeistert, »doch eines morgens war er einfach weg. Wir haben ihn überall gesucht – nichts.«

»Zuletzt wurde er fünfzig Kilometer von hier gesehen«, sagte Loretta, »wir sind also ganz dicht dran.«

Miro beugte sich verschwörerisch nach vorn: »Ich pflege Pferde, auf einem riesigen Pferdehof.« Das war bei zehn Pferden nun wirklich übertrieben, aber es wirkte.

Auf einmal rückte Loretta ganz nah an ihn heran und legte ihm die Hand auf den Arm. »Und, ist dir in der letzten Zeit irgendwas aufgefallen?«

Miro dachte darüber nach, wie ertappt sich die Mädchen gefühlt hatten, als er sie im Stall getroffen hatte. Als ob sie etwas vor ihm verstecken müssten. Und diese komische Geschichte mit dem Schwein. Dann dachte er, dass ein Zirkuspony, das im Fernsehen auftrat, ihm auch gut gefallen würde.

»Nein«, sagte Miro und lächelte Loretta süß an. Süß wie eine viel zu große Zuckerstange, von der einem übel wird, wenn man sie ganz aufisst. »Aber ich halte die Augen offen.«

»Große Belohnung!«, sagte Karol und riss die Arme auseinander, um zu zeigen, dass Miro sehr viel Geld bekommen würde, wenn er das Pony fand.

»Ich frage mal rum«, raunte Miro und zwinkerte Loretta verschwörerisch zu, »ich kenne alle Pferdehöfe hier in der Gegend!« Dann schaufelte er sich noch eine große Portion von der Schlachtplatte auf den Teller und aß sich gründlich satt. Wer wusste schon, wann es wieder einmal umsonst etwas zu essen geben würde?

Karol erzählte unterdessen von seiner Kindheit in Masuren. Wie er auf einem selbst gezimmerten Floß mit seinem zahmen Wiesel Arkadiusz auf einem großen See herumgeschippert war. »Das ist allerdings bald abgesoffen, denn ich hatte vergessen, den Traktorreifen von Opa darunter zubinden!« Karol lachte.

Loretta steuerte ihr falsches Lachen bei und Miro stimmte höflicherweise mit ein.

Bald darauf machte ihnen die Wirtin klar, dass es Zeit wurde, nach Hause zu gehen. Loretta und Karol beschlossen, im Gasthaus ein Zimmer zu nehmen, und Miro versprach, gleich morgen, zur Mittagszeit, wiederzukommen. So war seine nächste warme Mahlzeit auch schon gesichert.

Dann verabschiedete Miro sich übertrieben freundlich und stieg in sein Klapper-Auto. Er wollte lieber gleich zur Tat schreiten. Vielleicht hatte er ja irgendetwas übersehen. Etwas, was ihm selbst eine Menge Geld einbringen konnte und nicht diesen beiden windigen Gestalten. Mit anderen Worten, ein gut getarntes Zirkuspony!

»Bald bin ich vielleicht reich und berühmt«, triumphierte er und räusperte sich vor lauter Vorfreude noch einmal kräftig: »CHrkrrkchtpkrrrchch!« Dann düste Miro mit Vollgas um die nächste Hausecke und schlug schnurstracks den Weg zum Holzapfelhof ein.

Ein Pferdedieb

Spät am Abend saß Herr Kuchenbecker griesgrämig in der Küche seines Backsteinhäuschens und schrubbte Kartoffeln. Seit seine Frau ihn verlassen hatte, um in der Stadt »etwas zu erleben«, gab es fast jeden Tag Pellkartoffeln mit Quark. Oder Quark mit Pellkartoffeln. Je nachdem, wovon gerade mehr da war. Nicht, dass er Kartoffeln nicht mochte, aber wenn er an die raffinierten Gerichte dachte, die seine Hilde immer gekocht hatte …

Er verstand nicht, warum seine Frau so viel geschimpft hatte: »Der Misthaufen stinkt!«, »Man sieht auf dem Hof den ganzen Tag keinen einzigen Menschen!« oder »Fliegen, Fliegen, überall Fliegen!«. Dabei gab es hier den unnachahmlichen Geruch der Pferde, saftig grüne

Wiesen und … eine Menge Arbeit, wie er zugeben musste.

Zudem war er mit dem ganzen Haushalt ziemlich überfordert! Deshalb hatte er sich ja auch das Bein gebrochen. Genauer gesagt, wegen der steilen Treppe! Als er sie absaugen wollte, war plötzlich der ganze Staubsauger die Stufen runtergerutscht und hatte ihn von den Beinen gerissen. Dabei hatte es laut und deutlich »Knack« gemacht. Vor Schreck war Herr Kuchenbecker dann die ganze Treppe auf dem Staubsauger hinabgeschossen und unten noch einmal mit dem Bein gegen die Wand gedonnert. Weil das ziemlich blöd ausgesehen hatte, hatte er niemand erzählt, wie es wirklich zu seinem Beinbruch gekommen war. Und das war ja keine echte Lüge gewesen, sondern nur eine kleine Flunkerei, bei der man nicht ganz die Wahrheit sagt.

Herr Kuchenbecker humpelte zum Herd, um die geschrubbten Kartoffeln ins Kochwasser zu legen. Wenn

nicht bald etwas geschah, musste er den Pferdehof aufgeben. Denn ohne die Turnierstute Morgenstern würde er ihn nicht mehr halten können. Und ihr Besitzer hatte neulich so komische Andeutungen gemacht, er wolle eine »richtige Pferdepflege« und nicht so einen »Ponyhof, auf dem sich eine Mädchenbande um den Stall kümmert«.

Unverschämtheit! Dabei gab es kein einziges Pony auf dem Hof!

Herr Kuchenbecker blickte grimmig durchs Fenster zu den Stallungen hinüber, die jetzt ganz von der Dunkelheit verschluckt waren. Seit einiger Zeit musste er auch noch viel mehr Futtersäcke kaufen. Er konnte sich das nicht erklären, denn es waren ja nicht mehr Pferde da als früher. Notfalls musste er seinen eigenen Wallach Panagiotis verkaufen. Der war noch gut in Schuss und das Geld würde ihm mindestens ein Jahr über die Runden helfen. Aber wie sollte er das bloß Fritzi beibringen?

Er seufzte und wollte sich gerade umdrehen, als er sah, dass eine dunkle Gestalt zu den Stallungen huschte. Herrje! Ein Pferdedieb! Das hatte ihm ja gerade noch gefehlt! Er überlegte kurz, ob er die Polizei rufen sollte. Aber bis die auf dem Hof eintrafen, war der Dieb längst über alle Berge. Wutentbrannt griff er nach seinen

Krücken und wühlte eine Taschenlampe aus der Küchenschublade, die er in seine Hosentasche steckte. Dann humpelte er, so leise es mit einem Gipsbein möglich war, zu den Stallungen hinüber.

Durch das Fenster neben der Stalltür hindurch war nichts Auffälliges zu sehen. Sachte öffnete Herr Kuchenbecker die Tür und spähte in den Gang hinein, der vom fahlen Mondlicht kaum erleuchtet wurde. Als seine Augen sich an die Dunkelheit gewöhnt hatten, bemerkte er eine dunkle Gestalt, die im hinteren Teil des Stalls herumschlich. Vorsichtig folgte er dem Eindringling und sah, wie sich dieser an die Fohlenbox heranpirschte.

»Was will er denn da?«, fragte sich Herr Kuchenbecker. »Wir hatten doch schon jahrelang kein Fohlen mehr auf dem Hof!« Er tastete sich näher an den Eindringling heran und blieb drei Schritte entfernt stehen. Dann rief er »HEDA!« und leuchtete dem Pferdedieb mit der Taschenlampe frontal ins Gesicht.

Es war schwer zu beurteilen, wer von den beiden einen gewaltigeren Schreck bekam. Denn als der Pferdedieb sich blitzartig umdrehte und »HERR KUCHEN-BECKER!« rief, stieß dieser gleichzeitig ein donnerndes »MIRO!« aus.

Als beide wieder Luft kriegten, fand Herr Kuchenbecker als Erster die Sprache wieder: »Was machst du denn hier?«

»Ich … äh … wollte nach den Pferden sehen.«

»Mitten in der Nacht?«, wunderte sich Herr Kuchenbecker.

»Na ja, ich hatte so ein komisches Gefühl. Weil die Mädchen ja heute ganz alleine waren.« Miro versuchte zu gucken wie der harmloseste Mensch der Welt.

Das war eine echte Fiesheits-Lüge, denn Miro versuchte in Wirklichkeit immer, Fritzi, Stella und Miyuki möglichst viel Arbeit aufzuhalsen.

Herr Kuchenbecker war aber kein bisschen empfänglich für Flunkereien. Für ihn zählten nur Taten. »Und warum hast du dann kein Licht angemacht?«

Miro schielte suchend an die Stalldecke, als ob dort die Antwort stehen würde. »Ich … äh … wollte nicht, dass Sie denken, da schleicht ein Pferdedieb herum.«

Herr Kuchenbecker ließ genervt die Taschenlampe sinken: »Das hat ja super geklappt!«

Es entstand eine Pause, in der beide ihren Gedanken nachhingen. Herr Kuchenbecker dachte, dass es wirklich nicht einfach war, einen guten Pferdepfleger zu finden, und Miro dachte, dass er Herrn Kuchenbecker schnell wieder loswerden wollte, damit er in die Fohlenbox gucken konnte.

»So«, sagte er entschlossen, »dann ist ja alles …« Dabei versuchte er, Herrn Kuchenbecker in Richtung Ausgang zu schieben.

»Ja«, zögerte Herr Kuchenbecker und wich zurück, »eigentlich …«

Sie hatten fast schon die Stalltür erreicht, als auf einmal ganz von hinten ein unterdrücktes, aber gut hörbares »HATSCHI!« ertönte.

»Was war das?«, rief Herr Kuchenbecker und fuhr herum.

»Ich habe nichts gehört«, versuchte Miro, sich dumm zu stellen.

»Da hat jemand ›Hatschi‹ gemacht!«

»Das haben Sie sich eingebildet.«

»Ich bin fußlahm, aber nicht taub«, beharrte Herr Kuchenbecker.

Und noch ehe Miro vorsorglich »Halt: Überraschung« ausrufen konnte, weil ihm auf die Schnelle nichts Besseres einfiel, hatte Herr Kuchenbecker seinen Arm abgeschüttelt und sich erstaunlich schnell auf den Weg nach hinten gemacht. So geschwind, dass Miro ihm kaum folgen konnte. Doch was sie dann in der Fohlenbox

143

vorfanden, war für Miro mindestens eine genauso große Überraschung wie für Herrn Kuchenbecker. Dort stand nämlich ein harmlos guckendes Zwergpony in einem viel zu engen rosa Schweinekostüm.

Blöd und blöder

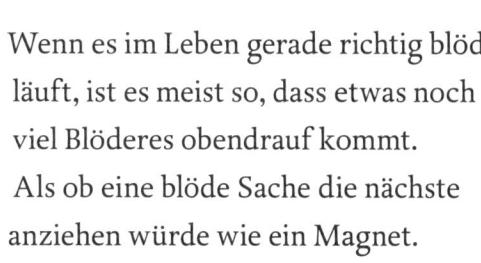

Wenn es im Leben gerade richtig blöd läuft, ist es meist so, dass etwas noch viel Blöderes obendrauf kommt.

Als ob eine blöde Sache die nächste anziehen würde wie ein Magnet.

Nachdem Fritzi am Abend erfahren hatte, dass Meurtelle gar kein Moulin-Rouge-Pony war, sondern ein gemeines Lügner-Pony, wurde sie am nächsten Tag auch noch von Herrn Kuchenbecker zur Rede gestellt.

Aber der Reihe nach:

Die ganze Nacht hatte Fritzi wach gelegen und gegrübelt. Am Morgen, als der Wecker klingelte (er hatte den Wurf an die Wand überlebt, immerhin), fühlte sie sich wie zerschlagen und hatte überhaupt keine Lust, aufzustehen und zum Holzapfelhof zu fahren. Müde schleppte sie sich die Treppe hinunter. Im Haus war es noch völlig ruhig, sodass sie wenigstens keine dummen Fragen beantworten musste. Sie stieg kraftlos auf ihr Ringelrad und fuhr zum Holzapfelhof. Der Weg dauerte ewig, denn ihre Beine schienen mit tonnenschweren Bleigewichten behängt zu sein.

»Dass Meurtelle meine Gutmütigkeit ausgenutzt hat, ist eine Sache«, dachte sie, als sie in die Hofeinfahrt bog, »aber dass ich Idiot auf diese ganze Moulin-Rouge-Showpony-Geschichte dermaßen reingefallen bin …«

Sie pfefferte ihr Rad gegen den Koppelzaun und lief zum Stall. Wutentbrannt riss sie die Tür auf und fegte den Gang entlang, ohne nach rechts und links zu schauen. Diesem Hochstapler würde sie es zeigen. »Der soll mich kennenlernen«, murmelte sie und merkte selbst, dass sie dabei wie Frau Petersen, die alte Religionslehrerin, klang. Aber das war ihr jetzt so egal, wie ihr auch alles andere schnurzpiepegal war.

Meurtelle stand mit dem rosa Hintern zur Boxentür und schrieb mit dem Huf Zahlen in den Bodenstaub. »Einhundertsiebönundzwanzisch geteilt durch elfö …«, hörte Fritzi ihn murmeln, als sie den Verschlag aufriss.

»Ah, Sie kommö gerade rischtig!«, rief Meurtelle, sah

sie dabei aber nicht an, »isch bereschne gerade den
Futterverbrauch und da ist mir aufgefallön …«

Weiter kam er nicht, denn Fritzi schleuderte ihm die
Zeitung vor die Füße.

»Moulin Rouge, ja?!«

Meurtelle drehte sich erschrocken um und starrte
auf sein eigenes Bild. »Das ist … isch wollte so gern …«,
stotterte er, dann ließ er betrübt den Kopf sinken.

»Warum?«, fragte Fritzi nur, und hinter ihrer Wut

staute sich, und das war viel schlimmer, ein Tränenmeer der Enttäuschung.

»Die Zirkusleutö sind hinter mir her«, stammelte Meurtelle mit dünnem Stimmchen, »niemand darf erfahrön, wo isch bin.«

»Ich glaube Ihnen kein Wort!« Fritzi schniefte und verschränkte die Arme vor der Brust.

»Abör es ist wahr! Im Winter musstö isch den ganzön Tag in eiskaltön Fußgängerzonön stehen und Kunststückschen machön. Damit die Leute ganz viel spendön, weil sie Mitleid habön. Und die Zirkus-Gangstör saßön im Café und trankön heiße Schokolade.« Meurtelles schüttelte vor Empörung den Kopf.

»Und dann kam einös Tagös ein furschtbarör Mann vom Fernsehen dort vorbei. Isch witterte gleisch nischts Gutös. Er hatte so fiese Augön. Ganz enge Schlitze, so.« Meurtelle kniff die Augen zusammen, sodass sie fast verschwunden waren. »Isch sollte im Fernsehön Werbung für Diätfutter machön, damit sie viel Geld verdienön!« Empört streckte sich Meurtelle und zog den Bauch ein. »Das hätte doch niemand geglaubt, dass ich das nötig habe, nischt wahr?«

»Aber was ist denn daran so schlimm?«, überging Fritzi seine eitle Frage.

»Sie wollten, dass isch nur noch ganz wenig fresse. Aber isch mache doch keine Diät!«, rief Meurtelle erbost. »Ich bin Tänzör und brauche viel Futtör!«

»Und als isch nischt mitmachön wollte, habön sie misch geschlagön!« Er senkte betrübt den Kopf und schielte zu Fritzi, um zu sehen, wie seine Worte ankamen.

Doch nichts davon erreichte ihr enttäuschtes Herz. Es blieb verschlossen wie eine Miesmuschel im Nordseewatt.

»Sie können jetzt mal aufhören mit dem dämlichen Französisch, Meurtelle oder wie Sie wirklich heißen!« Jedes Wort von Fritzi knallte wie ein Peitschenhieb durch den Stall und schien tausendfach zurückzuhallen.

»Isch gebe zu, isch heiße in Wirklischkeit Mörtel.« Er ließ den Kopf sinken und schniefte vor sich hin. »Weil isch als kleinös Fohlön in frisch angerührtön Wandputz gefallön bin. Wandputz nennt man auch Mörtel. Schon hatte isch meinön Namön! Abör sonst ist allös wahr!«

Fritzi musste sich kurz ein Grinsen verkneifen, aber ihre Wut und Enttäuschung kamen sofort wieder zurück. »Meurtelle ist ja auch ein Mädchenname«, sagte sie böse.

Meurtelle-Mörtel stutzte nur kurz und fuhr dann fort:

»Das Französisch hat mir eine Schlangönfrau aus Lyon in Frankeich beigebracht. Anders sprechön kann isch nischt, isch schwöre!«

Eine Weile war es ganz still im Stall, selbst die anderen Pferde schienen den Atem anzuhalten. Fritzi starrte trotzig an die Stallwand und dachte nach. Sie dachte daran, wie gut sie sich gefühlt hatte, seit dieses Zwergpony auf dem Hof aufgetaucht war, und dass alles nur eine Lüge gewesen war. Eine ganz schlimme Fiesheits-Lüge. Die Enttäuschung schnürte ihr fast die Luft ab.

»Ich füttere jetzt die Pferde«, sagte sie wie erstickt, »und wenn ich heute Abend wiederkomme, sind Sie weg.«

Sie war erstaunt, dass Mörtel kein bisschen protestierte, sondern den Kopf noch weiter sinken ließ und folgsam nickte. Fritzi drehte sich auf dem Absatz um und ging zu den anderen Pferden.

In Windeseile füllte sie die Tröge der Pferdeboxen mit Hafer auf und verteilte frisches Heu. Als sie zu Panagiotis in die Box kam, legte sie kurz den Kopf an seinen Hals.

»Gut, dass ich wenigstens dich habe«, flüsterte sie und eine kleine Träne rann ihr die Wange herab und versickerte in seinem dichten schwarzen Fell. Panagiotis schnaubte leise, wie zum Trost.

Aus dem Nebenstall blickte Henry, der alte Apfelschimmel wissend zu ihr hinüber, als ob er sagen wollte:
»Ich habe es doch gleich gesagt!«

Fritzi seufzte noch einmal, atmete tief durch und löste
sich dann schweren Herzens von ihrem Lieblingspferd.
Sie beschloss, das Ausmisten auf heute Abend zu verschieben und erst einmal nach Hause zu fahren. Sie
wollte gar nicht daran denken, wie sie das alles Stella und
Miyuki beibringen sollte! Die waren ja von Anfang an
misstrauisch gewesen.

Als sie fast die Stalltür erreicht hatte, hörte sie, wie
Mörtel hinter ihr herrief: »Abör, isch muss Ihnön noch
etwas sagön. Die Futtersäcke …«

Doch Fritzi wollte keine neuen Lügengeschichten
mehr hören und drehte sich nicht einmal mehr um. Sie
knallte die Stalltür hinter sich zu und rannte direkt in die
Arme von Herrn Kuchenbecker. Und nun kam dieses
noch viel Blödere, das meist auf etwas Blödes obendrauf
kommt.

»Ich muss dich sprechen, Fritzi«, sagte Herr Kuchenbecker streng, »ich weiß nicht, woher dieses Pony im
Schweinekostüm kommt, und ich will es auch gar nicht
wissen! Aber ich weiß, dass ich das nicht erlauben kann!
Wir sind doch kein Ponyhof!« Herr Kuchenbecker

reckte das Kinn in die Luft und versuchte, hochnäsig zu gucken.

Fritzi nickte dumpf. Sie starrte auf die Pferdekoppel, deren Gras noch vom Morgentau bedeckt war. »Hat sich erledigt, es ist heute Abend weg!«

Herr Kuchenbecker sah sie erstaunt an und nickte ebenfalls. Er spürte wohl, dass es besser war, jetzt nicht nachzufragen. »Aber da ist noch etwas.«

»Ja, was?«, fragte Fritzi tonlos.

Herr Kuchenbecker seufzte, setzte sich auf den Holzklotz und legte seine Krücken ab. »Wir verbrauchen immer mehr Futter. Das kann ich mir nicht mehr leisten. Der Hof ist fast pleite. Wenn nicht bald etwas geschieht, muss ich Panagiotis verkaufen.«

Er sah wie betäubt auf seine Stiefelspitzen und schwieg. Erst als Fritzi losstürmte und sich auf ihr Fahrrad warf, wurde er wieder wach. Er griff nach den Krücken und wollte aufspringen. Doch ehe er Fritzi zurückhalten konnte, donnerte sie unter dem Holzschild des Eingangstores hindurch, auf dem ein Fohlen jederzeit von einem Apfel erschlagen werden konnte.

Feuör! Feuör!

»Ich bestelle jetzt!«, sagte Karol entschlossen und winkte die Wirtin zu sich heran.

Seit drei Stunden warteten sie nun schon auf diesen buschbrauigen Pferdepfleger. Eine andere Spur hatten sie ja nicht. Und er kannte alle Pferdehöfe in der Gegend. Die Wirtin hatte bereits das Tagesgericht »Grillhähnchen mit Pommes«, Karols allerliebstes Leibgericht, durchgestrichen und »Steckrübeneintopf« darübergeschrieben. Was nicht sehr verlockend war, aber besser als nichts.

Loretta drückte seinen Arm nach unten und herrschte ihn an: »Nun denk doch mal nach! Wir haben diesem Miro von einem geldbringenden Wunderpony erzählt und er kommt nicht zur nächsten Verabredung! Was hat das wohl zu bedeuten?«

153

Karol legte die Stirn in nachdenkliche Falten: »Dass er uns für Lügner hält?«

Loretta stöhnte auf und schlug sich mit der Hand gegen den Kopf. Warum musste sie sich nur mit solch einem Dummkopf abgeben?

»Unsinn, der ist selbst unterwegs und sucht Mörtel, du Blödbommel!«, fauchte sie. »Oder, noch schlimmer, er weiß längst, wo er ist.«

»Ohohoh!«, dämmerte es nun auch Karol. »Wir müssen sofort los!«

Er wollte sogleich aufspringen, doch wieder hielt Loretta ihn zurück.

»Wir wissen doch gar nicht, wohin. Herrje!«

Sie sah zur Theke, stand auf und schlängelte sich zwischen den Tischen hindurch zur Wirtin hinüber.

»Werte Dame«, zwitscherte sie und setzte ihr bestes Sonntagslächeln auf, »wir vermissen unseren Freund Miro, mit dem wir gestern Abend Ihre köstliche Schlachtplatte geteilt haben.« Das war natürlich eine faustdicke Lüge, denn beim Gedanken daran war Loretta immer noch schlecht. »Sie wissen nicht zufällig, wo wir ihn finden können?«

Die Wirtin verschränkte die Arme und wollte der unangenehmen Fremden nichts verraten. Dann kam ihr jedoch ein Gedanke: »Schuldet er Ihnen etwa auch Geld?«

Loretta wollte schon den Kopf schütteln, da spürte sie, dass es gut wäre, sich mit der Wirtin zu verbünden. Sie nickte und versuchte, ausgenutzt zu wirken: »Geld, jaja, haufenweise Geld schuldet er uns!«

Keine zwei Minuten später waren Karol und Loretta mit ihrem Lieferwagen (den sie am Morgen am Wegesrand eingesammelt hatten) und einer Wegbeschreibung von der Wirtin unterwegs zum Holzapfelhof. Das Loch in Karols Magen hatte mittlerweile die Größe einer Gebirgsschlucht, so hungrig war er. Aber das interessierte Loretta nicht weiter, da sie an nichts anderes dachte als daran, wie sie möglichst schnell dieses Pony einfangen konnte. Notfalls mit Gewalt.

Der Holzapfelhof lag in völliger Ruhe, da Herr Kuchenbecker an Sonntagnachmittagen gelegentlich zum Tanztee ging. Er konnte im Moment wegen seines Gipsbeins zwar nicht tanzen (eigentlich konnte er das auch ohne Gipsbein nicht besonders gut), aber die Musik machte ihn froh und lenkte ihn von den Problemen auf seinem Hof ab.

Loretta und Karol stellten ihr Fahrzeug so ab, dass man es von der Straße nicht sehen konnte. Sie vergewisserten sich, dass wirklich keiner da war, und schlichen dann über den Hof zu den Stallungen hinüber.

Karol pirschte sich an den Stall heran, presste die Nase an das erste Fenster und gab »Pferd!« an Loretta durch, die weiter vorn Schmiere stand. So ging er zum nächsten Stallfenster und zum übernächsten und immer so weiter und jedes Mal stellte er fest: »Pferd!« Als er am letzten Stallfenster angekommen war, presste er die Nase besonders fest an die Scheibe, da diese sehr schmutzig war. Dann verkündete er, ohne groß nachzudenken: »Schwein!«

»Mist«, schimpfte Loretta, denn das bedeutete, dass ihr Zirkuspony leider nicht da war.

»Lass uns abhauen«, raunte sie Karol zu, als er wieder zu ihr gehuscht war.

Sie liefen geduckt die Hofeinfahrt entlang. Als sie den Lieferwagen fast erreicht hatten, stutzte Loretta und blieb stehen. »Schwein? Wieso Schwein? Was macht ein Schwein im Pferdestall?«

»Verd…!« Karol drehte sich auf dem Absatz um und sprintete zurück. Im Laufen rief er Loretta zu: »Unter dem Schwein war was Schwarz-Weißes!«

Loretta stöhnte ein weiteres Mal über die Dummheit

ihres Kollegen und japste hinterher. Beide vergaßen völlig, dass sie eigentlich nicht gesehen werden wollten. So bemerkten sie nicht, dass sich auf der Straße vor dem Hof ein Mofa näherte, die Frau darauf an der Einfahrt kurz abbremste, die Augen zusammenkniff und nach einiger Zeit wieder davonknatterte.

Am Stall presste Karol seine Nase nun noch fester gegen das letzte Fenster. Loretta gesellte sich dazu und beide starrten angestrengt in die hinterste Box. Darin versuchte ein Zwergpony gerade, ein sehr unvorteilhaftes und enges Schweinekostüm abzustreifen.

»MÖRTEL!«, riefen Loretta und Karol wie aus einem Mund und so laut, dass dieser es hörte und vor Schreck zusammenzuckte.

»Er hat uns bemerkt!«, wisperte Loretta und zog Karol vom Fenster weg.

»Und nun?«

»Wir müssen ihn einfangen!«

»Aber wie? Du weißt ja, wie er ist.« Das sagte Karol fast ein bisschen anerkennend, denn er hatte bei den Proben oft genug erlebt, dass man Mörtel nicht so leicht zu etwas zwingen konnte.

Loretta überlegte: »Dann müssen wir ihn eben …«, sie grinste hinterhältig, »überzeugen.«

Kurz darauf standen sie mit Karols Feuerspucker-Ausrüstung vor der Fohlenbox, in der Mörtel immer noch erfolglos mit seiner Verkleidung kämpfte.

»Wen haben wir denn da?« Loretta baute sich vor Mörtel auf und stützte triumphierend die Hände in die Hüften.

Mörtel zuckte erneut zusammen und versuchte, sein hochmütigstes Gesicht aufzusetzen. Innerlich aber zitterte er wie ein Fisch an der Angel.

»Dann setz dich mal in Bewegung, Ferkelchen!«, sagte Karol spöttisch.

Mörtel schüttelte den Kopf, ging zwei Schritte zurück und rief: »Hiiilfe! Verbrescher!« Verstehen konnten ihn die beiden ja nicht, da nur Menschen, die allein sind und ein trauriges Herz haben, ihn hören konnten. Und Loretta und Karol schienen überhaupt kein Herz zu haben!

»Dann werden wir ihn mal ein bisschen auf Trab bringen!« Loretta lachte dreckig und zündete eine Fackel aus Karols Feuerspucker-Ausrüstung an.

Mörtel riss die Augen auf und wich ängstlich weiter in die Box zurück. Feuer konnte er am allerwenigsten ausstehen. Noch weniger als Wasser!

Karol nahm eine Flasche mit einer durchsichtigen Flüssigkeit, setzte sie sich an den Mund und spie eine

kleine Menge davon auf die brennende Fackel. Sofort
loderte eine Flamme auf. Mörtel quietschte entsetzt los.
Die anderen Pferde im Stall wurden unruhig und schlugen mit den Hufen gegen die Stallwand.

»Das gefällt dir nicht, was?« Loretta kniff die Augen
zusammen und trat näher an die Box heran. »Kommen
wir denn jetzt ›freiwillig‹ mit?«

Wenn Loretta so freundlich tat, war meist besondere
Vorsicht angebracht. Mörtel zitterte und schüttelte tapfer
den Kopf.

»Sosooo«, sprach Karol mit ihm wie mit einem
Dummkopf, »dann müssen wir wohl noch überzeugender
werden, nicht wahr?«

Loretta lachte böse.

Karol nahm einen noch größeren Schluck aus der
Flasche und spie ihn erneut an die brennende Fackel. Da
er aber so großen Hunger hatte, war der Schluck größer
ausgefallen, als es beim Feuerspucken gut war. Eine
gigantische Flamme schlug aus Karols Mund heraus.

Mörtel presste sich kreischend an die Stallwand.
Dennoch raste das Feuer über ihn hinweg und versengte
die oberste Schicht seines Schweinekostüms. Das Heu
in der Stallecke fing sofort an zu brennen und in null
Komma nichts brannte die ganze Box.

»Idiot!«, rief Loretta und versuchte, mit einer Pferdedecke, die über einem Haken hing, das Feuer einzudäm-
men. Vor Schreck ließ Karol die Flasche mit dem Brand-
beschleuniger fallen. Sie zerplatzte auf dem harten
Stallboden und in Sekundenschnelle stand der ganze
hintere Stall in Flammen. Auch Karols Hose brannte
lichterloh. Loretta warf die Pferdedecke über ihn, und er
wälzte sich am Boden, bis seine Hose gelöscht war.

Mörtel nutzte den Moment, befreite sich aus der
brennenden Box und galoppierte den Gang entlang ins
Freie. »Feuör! Feuör!«, rief er, doch niemand konnte ihn
hören. Selbst wenn Herr Kuchenbecker da gewesen wäre,
hätte er ihn ja nicht verstehen können.

Nun griff das Feuer auf die anderen Boxen über und
eine riesige Rauchwolke breitete sich im Stall aus. Die
Pferde brachen in Panik aus, stiegen auf die Hinterbeine
und stießen hohe, unnatürliche Schreie aus. Ihre Vorderhufe schlugen gegen die Boxentüren, doch die waren fest
verschlossen. Die Pferde waren in der Falle!

Loretta und Karol ließen alles stehen und liegen und
rannten um ihr Leben. Sie liefen panisch über den Hof
und sprangen in ihren Lieferwagen. Karol drehte den
Zündschlüssel um, der Motor gurgelte und verstummte.
Er versuchte es noch einmal und wieder gab der Wagen

nur ein gurgelndes Geräusch von sich. Karol sah auf die Tanknadel, die ganz nach unten gerutscht war: »KEIN BENZIN MEHR.«

»Wie kann das sein«, kreischte Loretta, »wir haben gerade fünf Liter eingefüllt!« Sie blickte Karol vernichtend an und sprang aus dem Auto. Geradewegs in eine kleine Benzinpfütze. »Mist!«, brüllte sie nun noch lauter, »der Tank hat ein Loch!«

Karol sprang ebenfalls raus, kickte wütend mit dem Fuß gegen den Lieferwagen: »Nimm das, blöder Tank!« Dann flüchteten die beiden zu Fuß über die Landstraße.

Eine riesige schwarze Rauchwolke stieg indessen über dem Holzapfelhof empor und deutete auf ein schreckliches Unglück hin. Bald war der Rauch in der ganzen Gegend zu sehen.

Pferde in höchster Not

Fritzi hatte den ganzen Tag versucht, nicht an den Holzapfelhof zu denken und irgendwie die Stunden bis zum Abend herumzubekommen.

Natürlich hatte sie den ganzen Tag an nichts anderes gedacht als an den Hof und die Zeit zog sich wie klebriger Kuchenteig.

Zum Glück waren Nina-Mama und Niklas vom Vorabend noch total aufgedreht und merkten nichts, als sie zusammen in der Küche ein sehr spätes Mittagessen kochten: Spaghetti. Nur mit Ketchup zwar, aber immerhin Spaghetti.

»Das Vorspielen war ein Megaerfolg«, quasselte Nina-Mama, als sie das Nudelwasser abgoss, »wir haben den Plattenvertrag so gut wie in der Tasche.«

Heute trug sie ein langes schwarzes Shirt, das sie mit

einem dicken Knoten an der Seite zusammengeschnürt hatte und auf dem in gelber Glitzerschrift »WARTE, BIS ICH GROSS BIN« stand. Fritzi schloss die Augen und wünschte sich an einen anderen Ort. Einen Ort ohne falsche Ponys und ohne Mütter mit peinlichen Spruch-T-Shirts.

Nina-Mama stellte den Spaghetti-Topf auf den Tisch und gab Niklas eine Portion davon. »Oberkrass fand der Produzent, dass ich so einen süßen, kleinen Sohn habe und wie supi ich trotzdem alles geregelt kriege.«

Niklas strahlte und stopfte sich eine riesige Gabel Spaghetti in den Mund.

»Na toll«, dachte Fritzi, »und ich bin mal wieder unterschlagen worden.«

Auf einmal fühlte sie sich wie der einsamste und verlassenste Mensch auf der Welt. Und als Nina-Mama auch vor sie einen gut gefüllten Teller stellte, da konnte sie nicht mehr anders, als mitten in die Ketchup-Spaghetti zu heulen.

Erschrocken hielt Nina-Mama in der Bewegung inne. Selbst sie merkte, dass dies ein absoluter Notfall war.

»Was geht denn jetzt ab?«, fragte sie halbwegs mitfühlend und ließ sich zu Fritzi auf die Bank fallen. Und dann erfuhr Nina Freitag, unterbrochen von tiefen Schluchzern, von einem Zwergpony namens Mörtel, das sprechen konnte und eigentlich ein Zirkuspony war, sich aber als Moulin-Rouge-Pony ausgegeben hatte. Und dass Fritzi es nun weggeschickt hatte, weil es eben ein Betrügerpony war.

Nina Freitag stellte keine doofen Fragen, sondern hörte sich zum ersten Mal seit Wochen an, was ihre Tochter zu sagen hatte. Und zum ersten Mal war nichts wichtiger auf der Welt als das, auch kein Vorspielen und kein Plattenvertrag. Erst als Fritzi zum Ende gekommen war und nur noch leise vor sich hin schniefte, fragte sie: »Und nur du konntest es hören und niemand sonst?«

Fritzi nickte bedrückt und staunte ein wenig, dass Nina-Mama sich gar nicht über ein sprechendes Pony wunderte.

»Das heißt doch, dass ihr eine ziemlich coole Freundschaft hattet, oder?«, fuhr Nina Freitag fort.

»Aber Freunde lügen sich nicht an!«

»Na ja, er hat ja nur ein bisschen geschwindelt. Eine richtig böse Lüge war das ja nicht. Sogar ganz lustig, wenn ich darüber nachdenke.« Nina Freitag kicherte. »Moulin-Rouge-Pony! Mega!«

»Aber er kommt in Wirklichkeit aus einem doofen Wanderzirkus!«, protestierte Fritzi noch einmal.

Nina-Mama nickte. »Menschen wollen eben manchmal was Besonderes sein. Vor allem, wenn das Leben sonst nicht so leicht ist.« Ein ernster Zug huschte kurz über ihr Gesicht. »Und das gilt wohl auch für Zwergponys.« Doch dann lachte sie und sah ihre Tochter verschmitzt an. »Hast du denn noch nie jemanden angeschwindelt? Zum Beispiel Mhmhmh?« Sie deutete mit dem Kopf auf Niklas.

Fritzi putzte sich die Nase und dachte darüber nach, wie oft sie in letzter Zeit die Unwahrheit gesagt hatte. »Du meinst, es war total dämlich und bescheuert, ihn wegzuschicken?«

»Könnte man so sagen.«

»Mist!«

Sie fuhr wie von einem Skorpion gestochen von der Bank hoch: »Moppelkotz und Krötenschleim! Wie konnte ich nur so blöd sein!« Da war er wieder: Der superbesonders schwere Fall, bei dem ihr Lieblingsfluch angebracht war!

Nina-Mama nickte: »Ich stelle dir das Essen warm!«

Langsam übertrieb sie es ein bisschen damit, eine gute Mutter sein zu wollen, fand Fritzi. Denn was sollte man bei Ketchup-Spaghetti schon warm halten? Aber sie war bereits in den Flur geflitzt, um in ihre Gummistiefel zu schlüpfen. Sie musste unbedingt auf dem Hof sein, bevor Mörtel sich davongemacht hatte!

»Ich muss ihm sagen, dass alles nicht so schlimm ist und ich total doof gewesen bin!«, dachte Fritzi und schnappte sich ihre rote Kapuzenjacke.

Auf dem Fahrrad zerrte sie ihr Handy aus der Tasche und rief zuerst Stella und dann Miyuki an und verkündete den absoluten »Zimtschnecken-Alarm! Wichtigkeitsstufe: extremst hoch«. Keuchend und in knappen Worten erzählte sie, was passiert war. Beide verstanden nur Bahnhof, versprachen aber, baldmöglichst auf dem Hof zu sein. Großes Stallmädchenehrenwort!

Fritzi raste so schnell, dass der Fahrtwind ihr schon wieder Tränen in die Augen trieb. Nach zehn Minuten war sie auf der Landstraße angelangt, die zum Hof führte. Langsam senkte sich die Dämmerung herab. Beinahe wäre sie in zwei schwarz gekleidete, rußige Gestalten hineingefahren, die über die Straße hetzten, als ob der Teufel hinter ihnen her wäre. Sie rief nur eine kurze Entschuldigung und raste weiter.

Schon von Weitem sah Fritzi, dass eine Rauchwolke über dem Gehöft stand. Wahrscheinlich hatte Herr Kuchenbecker mal wieder einen Topf auf dem Herd vergessen!

Als sie in die Hofeinfahrt bog, wurde ihr jedoch schlagartig klar, dass der Rauch nicht bloß von angebrannten Essen kommen konnte, denn hinter den Stallfenstern flackerte ein heftiges Feuer! Oh Schreck, der Holzapfelhof brannte!

Panagiotis galoppierte in Panik an ihr vorbei und wollte durch das Tor flüchten.

»Panagiotis, bleib stehen!«, rief sie, doch er reagierte kein bisschen. Sie warf ihr Ringelrad auf den Boden, rannte hinter ihm her und erwischte ihn gerade noch an der Mähne, ehe er vom Gelände des Hofs verschwinden konnte.

»Los, Panagiotis, wir müssen uns um die anderen Pferde kümmern!« Fritzi sprang auf einen Holzklotz und schwang sich auf Panagiotis, um ihn zur Pferdekoppel zu bringen. Zum Glück standen die anderen Pferde schon vor dem Stall.

»Henry ist da …, Navarro auch …« Fritzi ging in Gedanken alle Tiere durch: »Frida? Mist, Frida fehlt! Frida, wo bist du?« Dann sah sie, dass sich die zierliche Norwegerstute zitternd hinter dem Hengst Navarro versteckt hatte. Fritzi stieg von Panagiotis herunter, ging zu ihr, beruhigte sie ein wenig und brachte sie in Sicherheit.

Schnell führte sie auch die anderen Pferde auf die

Koppel und schloss das Gatter. Das Feuer knisterte und knackte, und Fritzi wunderte sich, wie laut es war.

Mörtel kam japsend und mit schwarz versengtem Schweinekostüm neben dem Stall hervor und sah aus den Augenwinkeln zu ihr hinüber: »Isch bin gleisch fort«, keuchte er, »isch muss nur noch …« Dann knickten ihm die Beine weg und er sank zu Boden.

Fritzi rannte zu ihm und fühlte seinen Puls. Mörtel lebte noch, zum Glück!! Sie rannte zu der Badewanne, die als Pferdetränke auf der Koppel stand, und schöpfte Wasser in ihre Handflächen. Dann hastete sie zu Mörtel zurück und goss ihm das Wasser ins Gesicht.

Er prustete und schnaubte, stand wackelig auf und rief: »Isch muss noch mal da rein, da drin ist noch ein Pferde-Kamerad!«

»Nein«, rief Fritzi, »ich hab sie durchgezählt, sind alle da.« Sie ließ den Blick über die Koppel schweifen. Moppelkotz und …!!! Mörtel hatte recht! Morgenstern fehlte, das teure Turnierpferd!

In diesem Moment kamen gleichzeitig Herr Kuchenbecker mit seinem Pferdetransporter, Stella auf dem Longboard und Miyuki mit einem Taxi angefahren. Herr Kuchenbecker sprang aufgeregt aus dem Transporter, verzog vor Schmerz das Gesicht, als er mit dem Gipsbein auf den Boden aufschlug, und humpelte ins Haus, vermutlich, um die Feuerwehr zu rufen. Stella und Miyuki liefen zu Fritzi, als plötzlich eine riesige Flamme aus dem Stalldach schoss.

»Morgenstern ist noch da drin!«, schrie Fritzi und zog die beiden Freundinnen vom Stall weg, »Mörtel will noch mal rein und ihn rausholen!«

»Das ist zu gefährlich!«, rief Miyuki und duckte sich unter den Funken weg, die zum Koppelzaun hinübergeweht wurden. Auf einmal galoppierte Mörtel los, öffnete zu aller Verwunderung das Gatter der Koppel mit den Zähnen und sprang direkt in den Badewannenzuber. Obwohl er Wasser hasste wie Masern und Mumps zusammen. Er drehte sich auf den Rücken und wälzte sich im Wasser umher, sodass sein Schweinekostümrest ganz durchtränkt wurde. Dann sprang er heraus und schoss wie eine rosa Kanonenkugel auf den Stall zu. Und noch ehe Fritzi ihn zurückhalten konnte, war er im lodernden Feuer verschwunden.

»Was hat er vor?«, rief Herr Kuchenbecker, der gerade wieder aus dem Haus gehumpelt kam.

Meterhoch schlugen die Flammen nun aus dem Dach in den Abendhimmel empor. Rund um den Stall wurde es unerträglich heiß, und es knackte und knisterte so

laut, dass man kaum sein eigenes Wort verstehen
konnte.

»Möööörtel!!!«, schrie Fritzi und rannte zum Stall.

»Was hat sie vor?«, wiederholte Herr Kuchenbecker.

»Fritziiie!«, schrien Stella und Miyuki und rannten
hinterher. Und ehe Herr Kuchenbecker etwas dagegen
tun konnte, waren die drei ebenfalls in der alles ver-
schlingenden Feuersbrunst verschwunden. In diesem

Moment stürzte einer der Dachbalken des Stalls kra-
chend nach unten.

Herr Kuchenbecker sprang zur Seite und ließ dabei
aus Versehen seine Krücken fallen. Nun war er vollkommen hilflos. Er stand wie angewurzelt da, starrte auf
die Stalltür und wartete. Was hätte er auch sonst tun
sollen?

Das Wunderpony

Es gibt Menschen, die eigentlich sehr mutig und so stark wie ein Baum sind, aber in großer Gefahr werden sie ganz klein und jämmerlich. Sie verkriechen sich in eine Ecke und warten einfach ab, bis die Gefahr vorüber ist. Andere, die vorher vielleicht sogar schüchtern waren, laufen gerade dann zur Höchstform auf und schaffen unglaubliche Dinge.

Bei Ponys ist das ganz genauso. Mörtel war zwar nicht gerade schüchtern, hatte aber panische Angst vor Feuer. Trotzdem war er, ohne mit der Wimper zu zucken, in den brennenden Stall gerannt, um Morgenstern zu retten. Und Fritzi, Stella und Miyuki hinterher.

Fritzi stand in der Tür und versuchte, in den hinteren Teil des Stalls zu sehen. Sie konnte kaum etwas erkennen, da der Rauch bis zur Decke stand. Außerdem versperrte der herabgestürzte Dachbalken den Weg.

»Wir müssen den Balken wegschieben«, schrie Stella neben ihr auf einmal. Fritzi drehte sich um und sah, wie Miyuki bereits nach einer Schaufel griff. Schnell schnappte sie sich die Mistgabel, die an der Stallwand lehnte, und zusammen bearbeiteten sie die brennende Holzstütze. Sie bewegte sich keinen Zentimeter!

Stella lehnte sich mit dem Rücken an eine Box und stemmte sich mit den Füßen gegen den schon ganz schwarzen Balken. Er ächzte und stöhnte, stöhnte und ächzte – und schließlich brach er in der Mitte auseinander. Funken flogen durch den Stall und brannten Löcher in die Jacken der Mädchen.

»Wir schicken dir Morgenstern, warte du hier!«, sagte Fritzi zu Stella.

Miyuki und Fritzi sprangen über die Balkenstücke und rannten nach hinten zu Morgensterns Box. Um sie herum fraß sich das Feuer sogar durch die Boxenwände. »Vorsicht! Der Stall bricht bald zusammen!«, schrie Stella ihnen hinterher, doch sie konnten sie nicht hören, da das Feuer so laut knackte.

Mörtel stand auf den Hinterhufen vor Morgensterns Box und versuchte, mit den Zähnen den Riegel zu öffnen. Das war ziemlich schwierig, denn die Boxentür war mittlerweile glühend heiß. Die Box war voller Rauch, und Morgenstern atmete schwer. Mörtel japste ebenfalls stark und um sie herum brannte das Heu lichterloh.

»Ohne sein nasses Schweinekostüm würde Mörtel selbst schon brennen wie eine Fackel«, dachte Fritzi.

Mörtel holte noch einmal Luft und griff erneut mit den Zähnen nach dem Metallriegel. Diesmal schaffte er es tatsächlich, ihn zur Seite zu schieben. Miyuki wollte die Boxentür öffnen, zuckte aber zurück, als sie merkte, wie heiß sie war. Fritzi zog schnell ihren Parka aus, wickelte ihn um ihre Hand und schob die glühende Tür zur Seite.

Panisch wich Morgenstern zurück und wollte sich in einer Ecke der Box verstecken.

»Sie hat Angst vor dem brennenden Heu!«, rief Fritzi und sah verzweifelt zu ihrer Freundin hinüber.

Miyuki betrat die Box, drehte einen Blecheimer um, stellte sich darauf und schwang sich entschlossen auf Morgensterns Rücken. »Ruhig, ruhig«, sagte sie und trieb die Stute sanft aus dem Stallabteil, sodass diese das brennende Heu gar nicht mehr bemerkte. Vor dem rußigen Balkenstück bäumte sie sich jedoch auf. Aber Miyuki, die furchtlose Reiterin, drückte ihr die Fersen in die Flanken, und mit einem mächtigen Satz sprang Morgenstern über den Balken. An der Tür stieg Miyuki ab, und Stella nahm Morgenstern in Empfang und führte sie rasch nach draußen.

Das Stalldach schien einmal tief aufzuseufzen und senkte sich dann einen halben Meter herab. »Schnell, wir müssen raus!«, schrie Fritzi und wollte nach Mörtel greifen, doch sie griff ins Nichts. Miyuki sah, dass Mörtel ohnmächtig auf dem Boden lag und rannte zu Fritzi zurück, um ihr zu helfen. Bestimmt war der ganze Rauch zu viel für ihn gewesen!

»Wir müssen ihn sofort rausziehen«, schrie Miyuki. Die Mädchen nahmen je einen Hinterhuf in die Hand und zogen und zerrten an dem Zwergpony. Es war ein ganz schöner Brocken!

Über ihnen ächzte die Stalldecke noch einmal auf und schien noch ein Stück weiter herunter zu kommen. Fritzi und Miyuki wunderten sich selbst, mit welchen Bärenkräften sie das Pony plötzlich den Gang entlangschleifen konnten.

Fritzi dachte: »Gut, dass er nicht sehen kann, wie blöd das aussieht! Eitel, wie das verrückte Vieh ist.« Dann dachte sie, dass dies mitten in solch einer Katastrophe ein völlig bescheuerter Gedanke war.

Als sie gerade an der Tür des Stalls angekommen waren, wo Stella ihnen schon entgegenkam und auf den letzten Metern half, stieß das Dach noch einmal einen Mordsseufzer aus und krachte endgültig nach unten. Das Feuer verschlang das Dach wie ein hungriges Krokodil ein wehrloses Zebra und der ganze Stall versank blitzschnell in einem einzigen Meer aus Flammen.

Keuchend und mit rußverschmiertem Gesicht stand Miyuki später auf dem Hof und sah den Feuerwehrmännern zu, wie sie die letzte Feuerglut löschten. Viel mehr als schwarz verkohlte Balken und verbogene Eisengitter waren vom Stall nicht übrig geblieben.

»Jetzt bist du endlich auch mal dreckig!«, sagte Stella und zeigte grinsend auf Miyukis Kirschkleid, das einige Brandlöcher abbekommen hatte, und ihr verrußtes Gesicht.

»Sei du lieber froh, dass du heute mal Ärmel anhattest«, gab Miyuki ungewohnt spöttisch zurück. Stella lachte und rieb sich über ihre versengte Jacke.

Fritzi hatte sich in der Zwischenzeit über Mörtel gebeugt, der vollkommen erschöpft, aber zum Glück schon wieder bei Bewusstsein war.

»Es tut mir so leid«, sagte sie, »ich war so dämlich!«

Mörtel öffnete nur leicht die Augen und schüttelte den Kopf: »Nein, nein, isch war dämlisch! Isch hätte gleisch die Wahrheit sagön sollön.« Sein Kopf sank wieder matt auf den Boden zurück.

Morgenstern stand nun mit Panagiotis, Frida, Henry und den anderen Pferden auf der Weide und knabberte zur Beruhigung an ein paar Grashalmen. Zum Glück hatte das Feuer nicht auf das Haus von Herrn Kuchenbecker übergegriffen. Und die Feuerwehr hatte auch verhindert, dass das Nebengebäude mit abgebrannt war, sodass wenigstens ein kleiner Notstall übrig geblieben war.

Gerade humpelte Herr Kuchenbecker mit einem Tablett voller Kaffee und Kakao in der einen Hand und einer Krücke in der anderen aus dem Haus und verteilte ungelenk belegte Brote an die Helfer.

Als die Mädchen ins Freie gekommen waren, hatte er erst einmal geschimpft, dass sie in einen lichterloh brennenden Stall gerannt waren, und sie dann seltsamerweise umarmt und vor lauter Dankbarkeit fast zerdrückt. »Erwachsene sind manchmal komisch«, hatte Fritzi gedacht, als sie wieder Luft kriegte.

»Wie geht es unserem Dickerchen?«, wollte er wissen, als er bei Fritzi und Mörtel angelangt war.

»Ünverschämtheit!«, protestierte Mörtel schwach.

»Ach, ich glaube es geht ihm schon wieder ganz gut«, antwortete Fritzi froh und biss hungrig in ihr Käsebrot.

»Und er hat wirklich alle Boxen mit den Zähnen aufgemacht?« Herr Kuchenbecker blickte anerkennend auf das Zwergpony, das nun versuchte, ein gleichmütiges Gesicht aufzusetzen, aber eigentlich vor Stolz fast platzte.

»Mhmh«, bestätigte Fritzi mit vollem Mund.

»Es wird ein bisschen eng werden im Nebenstall, aber es wird schon gehen.«

Fritzi blickte überrascht hoch: »Das heißt, er darf hierbleiben?«

»Ich schicke unseren Helden doch nicht weg«, verkündete Herr Kuchenbecker feierlich. »Auch wenn ich im Moment nicht weiß, wie ich ihn durchfüttern soll.« Den letzten Teil dachte er aber nur.

Mörtel öffnete ein Auge, grinste kurz und schloss das Auge dann schnell wieder, um noch ein wenig länger im Mittelpunkt zu stehen.

»Juhu, Mörtel darf bleiben!«, rief Fritzi. Stella und Miyuki stimmten in ihr Jubelgeheul ein, und alle umarmten Herrn Kuchenbecker und sprangen lachend um ihn herum, sodass er fast das Gleichgewicht verlor.

»Wo ist eigentlich Miro? Einer muss sich jetzt um die Pferde kümmern«, knurrte Herr Kuchenbecker und schob die Mädchen beiseite. Immer, wenn zu viele Gefühle im Spiel waren, wurde es ihm etwas unheimlich.

Mörtel öffnete bei diesem Namen abrupt die Augen und versuchte sich aufzurichten.

»Isch muss Ihnön etwas sagön«, krächzte er. Fritzi beugte sich zu ihm hinunter.

»Man soll ja nischt petzön, aber isch habe ausgereschnöt, wie viel Futtör der Hof verbraucht. Isch habe gesehön, wie viel Sie an einem Tag verfüttörn. Das ist viel wenigör, als verbraucht wird«, berichtete Mörtel mit schwachem Stimmchen. »So viel könnön die Pferde unmöglisch fressön! Isch habe diesön Miro herumschleichön sehön. Mit einöm Sack Futtör auf dem Arm ist er zu seinöm Auto gegangön. Und bestimmt hat er das nischt nur einmal gemacht.«

»Halt, Herr Kuchenbecker«, rief Fritzi dem davonhinkenden Stallbesitzer nach, »Miro klaut Futtersäcke, sagt Mörtel!«

Langsam drehte Herr Kuchenbecker sich um: »Was soll das heißen ›sagt Mörtel‹?«

Fritzi blickte zu Stella und Miyuki, die warnend die Köpfe schüttelten.

»Das hat sie nur so gesagt. Sie meinte, wir haben ihn dabei erwischt!«, sagte Stella schnell.

Ein Stallbrand UND ein sprechendes Pony am gleichen Tag waren sicher zu viel für Herrn Kuchenbecker!

»Dieser Brand war sicher zu viel für die Mädchen«, dachte Herr Kuchenbecker, »da kann man schon mal was durcheinanderbringen. Sprechendes Pony, tss …«

»Miro«, sagte er dann grimmig, »den werde ich mir mal vorknöpfen! Jetzt weiß ich auch, was der nachts im Stall wollte! Der wird mich so was von kennenlernen, wird der!« Er fuchtelte gefährlich mit einer Krücke in der Luft herum. Dann humpelte er, so schnell es sein Gipsbein zuließ, ins Haus zurück.

Kurz darauf hörten die drei von drinnen ein Donnerwetter, das das ganze Haus erzittern ließ. Sie konnten nicht viel davon verstehen, nur der Satz »Lass dich hier nie wieder blicken, NIE WIEDER!« drang laut über den Hof.

Fritzi, Stella und Miyuki sahen sich bedeutungsvoll an und beobachteten dann, wie die Feuerwehrmänner die Schläuche im Feuerwehrwagen verstauten. Der kümmerliche Rest des Stalls kokelte nur noch schwach vor sich hin.

»Der Hof war eh schon fast pleite«, sagte Fritzi düster und sah Stella und Miyuki an, »jetzt muss Herr Kuchenbecker vielleicht auch noch Panagiotis verkaufen.« Sie merkte, wie erschöpft sie eigentlich war und dass ihre gute Stimmung gerade wieder kippte. Der Brand, Miro ein Dieb, der Hof in Gefahr, das alles war nun wirklich zu viel für Fritzi.

»Zumal der neue Stall bestimmt superteuer wird«, ließ auch Stella sich anstecken und sah düster auf die Stallruine.

»Einen Pferdepfleger haben wir jetzt auch nicht mehr!«, setzte Miyuki noch obendrauf.

»Und wenn Morgensterns Besitzer sie nun auf einem anderen Hof unterbringt?«, unkte Fritzi weiter.

Mörtel blickte von einer zur anderen und hörte sich die Schreckensnachrichten mit ungewohnt ernster Miene an. Sicherlich fürchtete er gerade um seinen neuen Futterplatz. Langsam hatte er genug davon, den Kranken zu spielen, und wuchtete sich unter großem Gestöhne und unterbrochen von gespielten kleinen Schwächeanfällen wieder auf die Beine.

In diesem Moment bog der Übertragungswagen eines Fernsehsenders in die Einfahrt des Holzapfelhofs und stoppte scharf bremsend vor dem Haupthaus. Ein Kameramann und eine Reporterin sprangen aus dem Wagen und liefen aufgescheucht auf die Mädchen zu.

»Ist das hier das Wunderpony?«, fragte die Reporterin, die eine übergroße Sonnenbrille mit Tigermuster trug und sich sogleich auf Mörtel stürzen wollte.

»Eher das Flunkerpony«, brummte Stella und guckte fast schon wieder spöttisch.

»Aber … es stimmt doch, dass er alle Pferde gerettet hat?« Die Reporterin drehte sich verunsichert zu Fritzi und musterte sie über den Rand ihrer Sonnenbrille hinweg.

»Ja, aber er hat eine unheilbare Fernseh-Allergie«, rief Fritzi und stellte sich schützend vor Mörtel. Schließlich hatte er ihr erzählt, dass er keine Lust hatte, im Fernsehen aufzutreten. Zumindest nicht für Diätwerbung!

»Isch glaubö, isch weiß, wie wir den Holzapfelhof rettön könnön!«, sagte Mörtel jedoch plötzlich und blickte wild entschlossen auf das Fernsehteam.

»Aber du hasst das Fernsehen doch!«, rief Fritzi und merkte gar nicht, dass sie ihn gerade zum ersten Mal duzte.

Mörtel drehte sich um und sah sie nachsichtig an. »Aber nein, isch hasse Diätfuttör, es schmeckt widörlisch, bäh.« Er schüttelte sich vor Ekel. »Und ich hasse Menschön, die durch misch reich werdön wollön. Aber das Fernsehön kann etwas ganz Wunderbarös sein, wenn man es rischtig macht.« Er straffte sich kurz und tänzelte dann auf wackeligen Beinen zum Kameramann, um ihm ein paar von seinen besten Kunststückchen zu zeigen.

»Er sagt, er will den Holzapfelhof retten und dass das Fernsehen etwas Wunderbares sein kann!« Fritzi sah fragend zu den beiden Stallfreundinnen.

»Der Holzapfelhof mit dem Wunderpony«, verstand Miyuki sofort, »Eintritt drei Euro! Damit kann Herr Kuchenbecker einen neuen Stall bezahlen!«

Und dann lachte sie und umarmte Stella und Fritzi, die noch immer etwas verständnislos, aber zumindest hoffnungsvoller dreinblickten. Zu dritt sahen sie zu, wie Mörtel dem Kameramann unbeholfen die Balletpose »Arabesquöh« mit weit von sich gestrecktem Huf darbot.

»Sehr gelenkig«, sagte die Reporterin anerkennend und herrschte den Kameramann an: »Draufhalten!«

Dann drehte sie sich wieder zu den Mädchen: »Wo hat er das gelernt?«

In diesem Moment rutschten Mörtel die zittrigen Beine weg und er landete in seinem unfreiwilligen Pony-Spagat auf dem Boden. Belämmert blickte er in die Kamera, die sein Bild in Großaufnahme einfing.

»Er war einmal ein Showpony im Moulin Rouge«,

prustete Fritzi los und sah augenzwinkernd zu Mörtel, »ein sehr berühmtes Showpony.« Sie fand seine Schwindelei nun gar nicht mehr so schlimm. Schließlich war es ja keine Fiesheits-Lüge gewesen! Und ein ganz kleines bisschen flunkert ja schließlich jeder!

»Jetzt wird das Showpony bald ein berühmtes Hofpony«, stellte Stella zufrieden fest.

Und dann gingen Fritzi, Stella und Miyuki kichernd zu Mörtel, um ihn mit vereinten Kräften wieder auf seine talentierten Ponybeine zu hieven.

ENDE

Moment, stopp! So geht das nicht!

Eine Geschichte kann doch erst aufhören, wenn alle Abenteuer zu Ende erzählt sind! Wo sind eigentlich Loretta und Karol abgeblieben? Und ist es etwa gerecht, wenn die beiden Bösewichte einfach davonkommen? Werden sie dann nicht noch einmal versuchen, Mörtel zu klauen?

Nun gut, hier also die Geschichte, wie es mit Karol und Loretta weiterging:

Recht weit entfernt vom Holzapfelhof war Kürbis-Lilo spät am Abend mit ihrem Mofa unterwegs. Auf dem Gepäckträger hatte sie eine sehr lange Leiter quer befestigt, mit der sie auf ihren sehr hohen Zwetschgenbaum klettern wollte, der auf einer weit entfernten Wiese stand.

Sie hatte am Abend nämlich Appetit auf einen Zwetschgenkuchen bekommen. Und wenn sie auf etwas Appetit hatte, dann sorgte sie dafür, dass sie es auch gleich bekam. Ganz egal zu welcher Uhrzeit. Würde sie eben heute Nacht backen! Deswegen hatte sie auch nie geheiratet, damit nicht einer, wenn sie mitten in der Nacht anfing, Zwetschgenkuchen zu backen, fragte: »Waaas? Du willst MITTEN IN DER NACHT Zwetschgenkuchen backen?!« Nein, wirklich nicht.

Sie dachte gerade daran, wie sie später in ein besonders saftiges Stück Kuchen mit einer riesigen Portion Sahne obendrauf beißen würde, als sich ihr auf der dunkeln Landstraße plötzlich zwei finstere Gestalten in den Weg stellten: »Los, Alte, Mofa her! Aber zackig!« Abgesehen davon, dass es sehr unhöflich war, eine so nette Oma »Alte« zu nennen, erkannte Kürbis-Lilo sofort, wer da gerade ihr Mofa klauen wollte: Es war das Gaunerpaar, das sie im Kürbis-Wettkampf besiegt hatte.

Und so zögerte Kürbis-Lilo nicht lange. Sie gab Gas und hielt Vollkaracho auf die beiden Gestalten zu. Als sie fast bei ihnen angekommen war, machte sie erst einen kleinen Schlenker nach rechts und schubste mit ihrer Leiter den Gangster-Mann von der Straße. Und ehe die Gangster-Frau womöglich zurückschubsen konnte, machte Kürbis-Lilo einen Schlenker nach links, worauf diese ebenfalls schwungvoll im Acker landete.Dann sammelte sie die beiden Ohnmächtigen in aller Ruhe auf und band sie mit einem Seil, das sie für solche und andere Fälle immer bei sich hatte, rechts und links auf der Leiter fest.

»Es würde mich nicht wundern, wenn ihr zwei auch mit dem Brand auf dem Holzapfelhof zu tun habt«, knurrte Kürbis-Lilo und zog die Schnur gut fest, »schließlich habe ich euch heute Nachmittag dort herumschleichen sehen.«

Außerdem hatte der Gangster eine versengte Hose und die Gangsterbraut ein rußiges Gesicht.

Also stieg Kürbis-Lilo auf ihr Mofa und knatterte in aller Ruhe zum nächsten Polizeirevier, um die beiden wieder erwachten und schimpfenden Banditen dort abzugeben.

Einen Zwetschgenkuchen würde es zwar heute Nacht nicht mehr geben, aber das war es ihr wert!

Und so kam es, dass das Zwergpony Mörtel für lange Zeit vor Loretta und Karol in Sicherheit war.

Nun aber wirklich:

 ENDE

Astrid Göpfrich wünschte sich als Kind ein Pony und bekam stattdessen fünf Hasen, zwei Meerschweinchen, einen Wellensittich, drei Katzen und eine selbst angelegte Heuschreckenzucht. Heute lebt sie in einer kleinen süddeutschen Großstadt und begnügt sich daher mit einem Mann und einem Kater. Sie arbeitete als Kulturmanagerin, Lektorin, Autorin und Regisseurin von Hörspielen und Hörbüchern.

Barbara Korthues, 1971 geboren, studierte Visuelle Kommunikation in Münster. Seit 1996 lebt und arbeitet sie als freie Illustratorin in Stuttgart und hat bereits zahlreiche Kinderbücher illustriert.